Diane Özdamar

Y Art

Dessine les Vampires

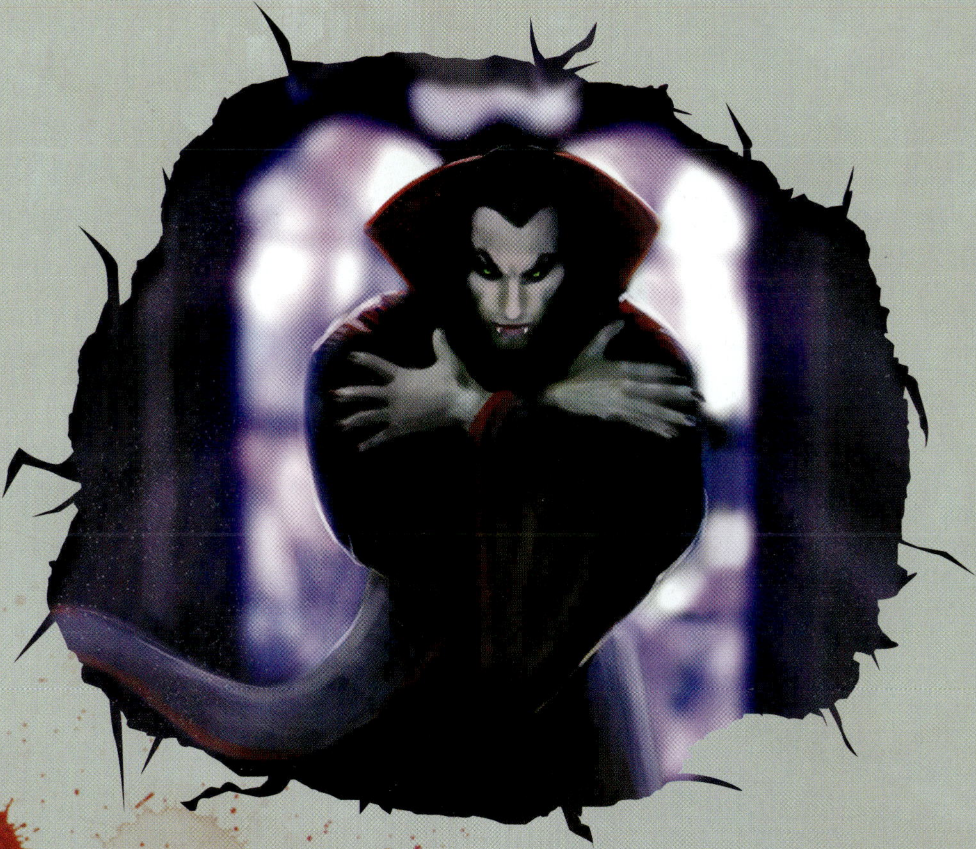

FLEURUS
editionsfleurus.com

Illustratrice passionnée de nouvelles technologies, Diane Özdamar évolue depuis plusieurs années dans un univers peuplé de créatures fantastiques rattachées au monde de l'heroic-fantasy, de la science-fiction et de la mythologie. Formée aux techniques de dessin et de peinture traditionnelles (acrylique, huile, aquarelle, encre, crayon, etc.), elle explore le maniement des outils numériques, tout en s'attachant à reproduire les effets propres aux techniques classiques.

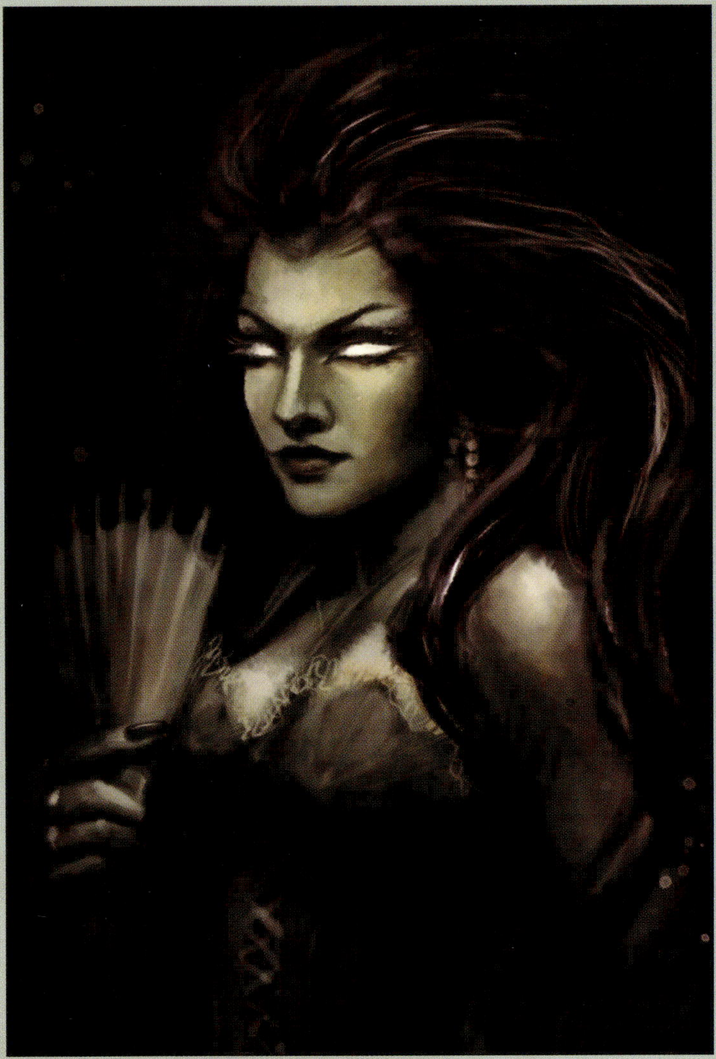

SOMMAIRE

Matériel et conseils

Les créatures

L'ABC de la couleur

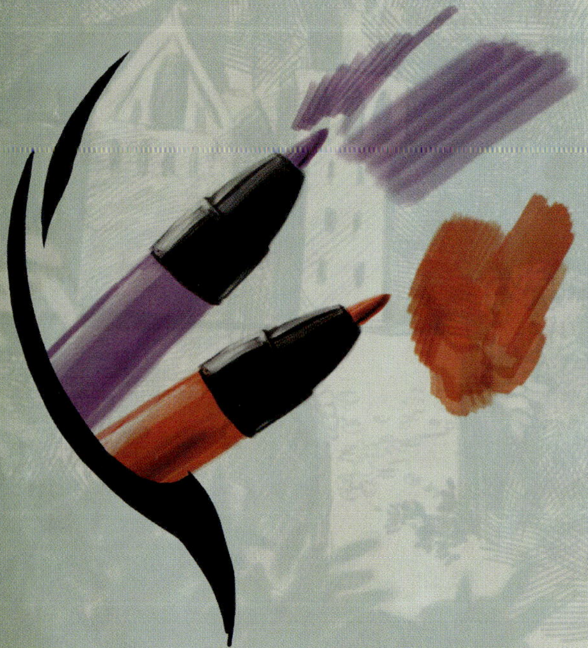

Pour dessiner et peindre un vampire, une chimère ou un loup-garou, toutes les techniques conviennent : le feutre, le crayon, le pastel, le fusain, les encres, les peintures à l'eau et même la palette graphique. C'est à chacun de trouver la technique qui correspond le mieux à son propre style et au caractère du personnage représenté.

LE FEUTRE

Le dessin au feutre permet d'explorer des rendus de matière assez originaux. Avant de vous lancer, sachez qu'une fois la couleur appliquée sur le papier, il est impossible de l'effacer ! Utilisez du papier le plus lisse possible et assez épais afin d'éviter qu'il ne s'abîme et ne gondole.

En commençant par appliquer les teintes claires, vous ne tacherez pas les pointes de vos feutres et serez à même de faire « monter » les valeurs jusqu'à l'obtention des tons les plus foncés et du volume souhaité. Procédez par traits parallèles en réservant les blancs pour les parties lumineuses.

Il existe deux types de feutres, à eau et à alcool. Ils peuvent être mélangés ou superposés pour obtenir davantage de nuances. Certaines gammes proposent des « blenders » permettant de diffuser la couleur (ces feutres sans pigment contiennent uniquement un solvant). Vous pouvez également varier les épaisseurs de traits en choisissant divers types de pointes (feutre pinceau, pointes fines ou larges, etc.).

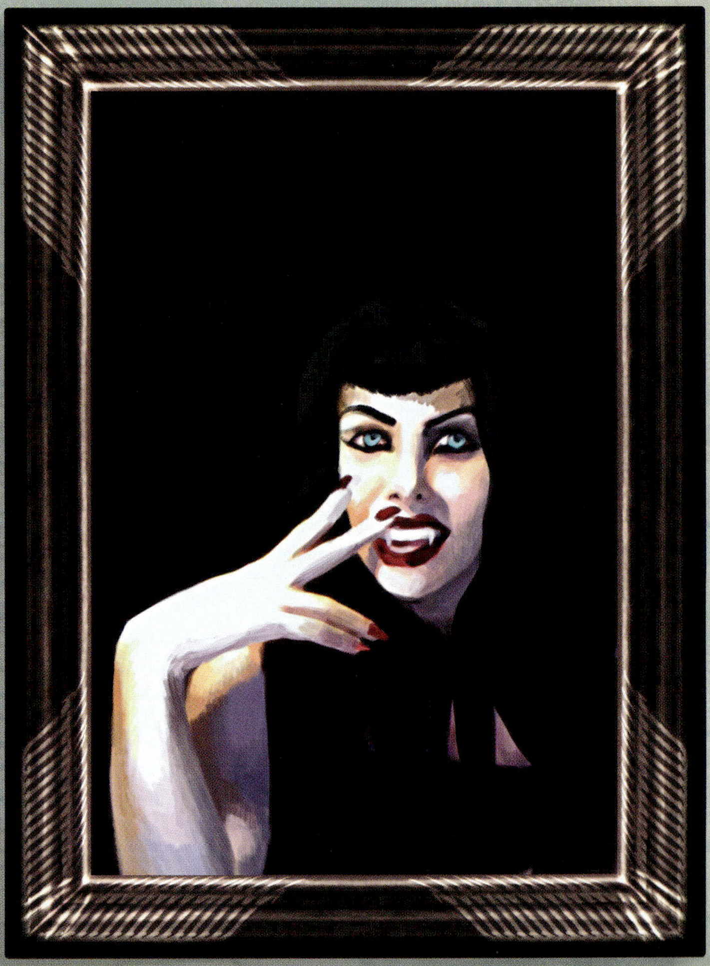

LE CRAYON DE COULEUR

Le crayon de couleur est une technique idéale pour ceux qui souhaitent obtenir un rendu minutieux et subtilement coloré sur lequel il est possible d'apporter des corrections. Utilisez à cet effet une gomme spéciale « mie de pain » qui permet d'enlever l'excédent de pigment. Pour les zones les plus sombres, continuez les retraits de couleur avec une gomme classique, voire une gomme à encre.

Comme pour le feutre, il est nécessaire d'appliquer les couleurs les plus claires en premier afin qu'elles ne se salissent pas au contact des pigments plus foncés. Évitez autant que possible d'utiliser le noir. Le dessin paraîtra plus riche si vous mélangez plusieurs couleurs sombres au lieu d'utiliser du noir pur. Enfin, dessinez avec des crayons bien taillés sur du papier à grain fin.

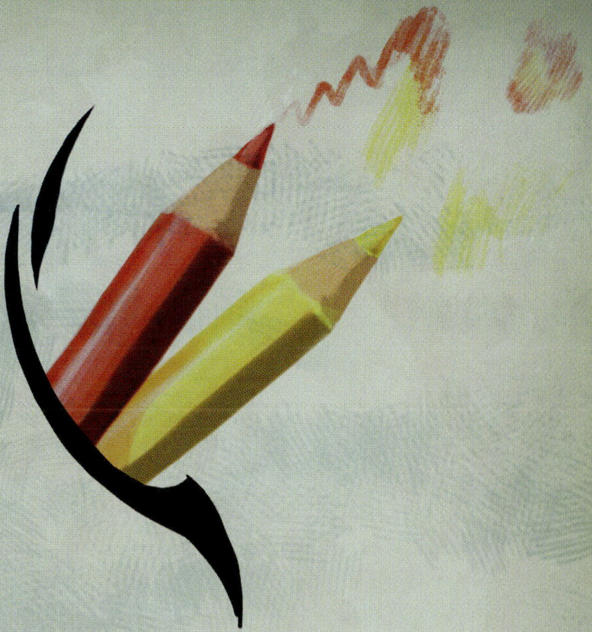

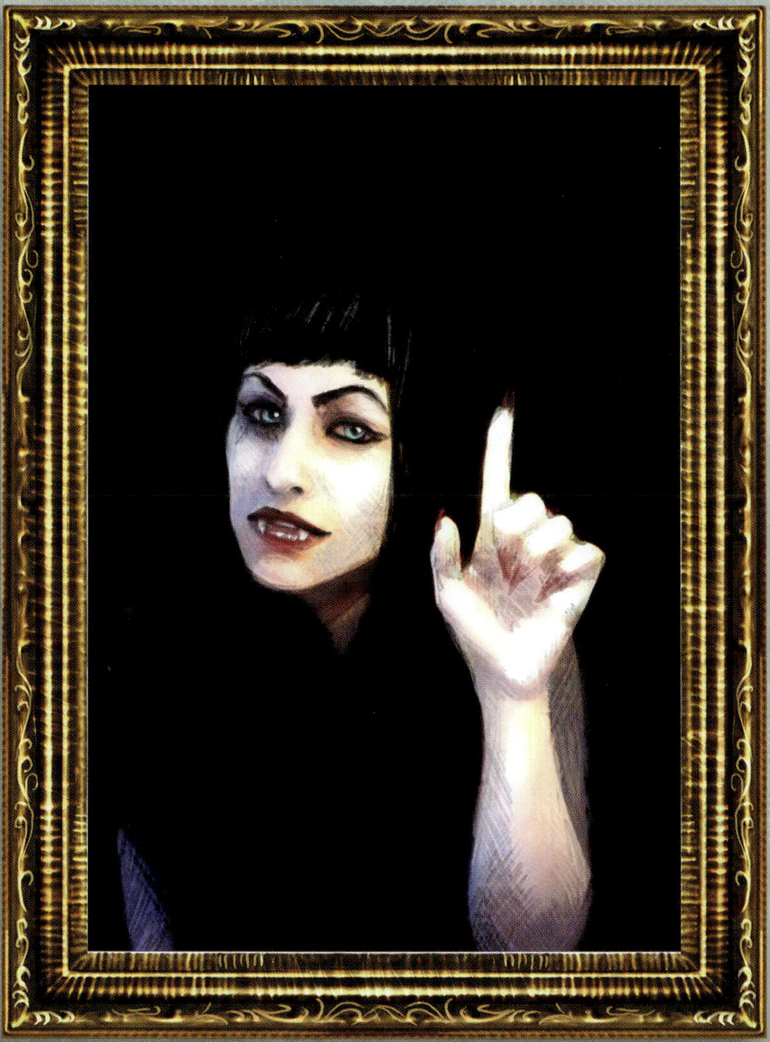

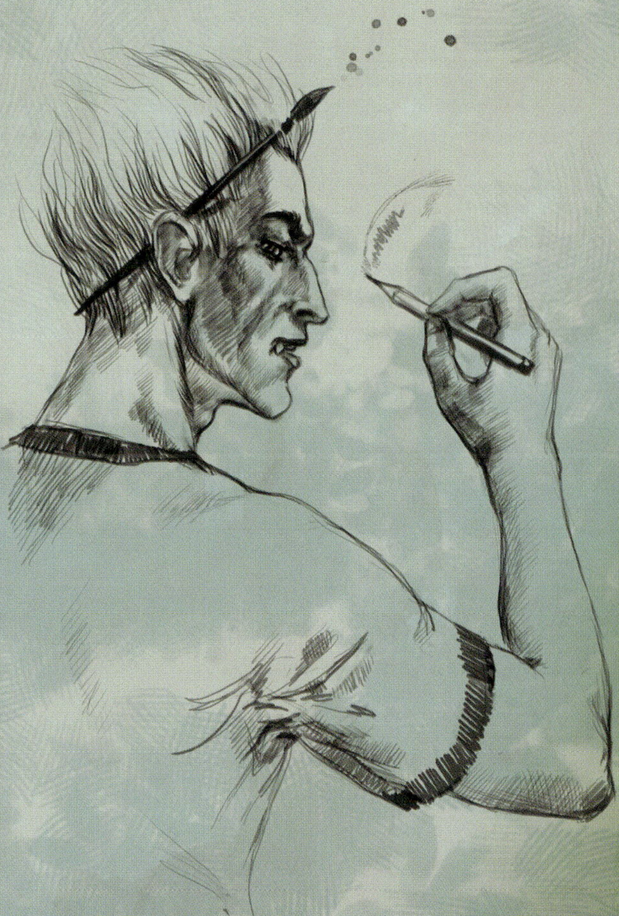

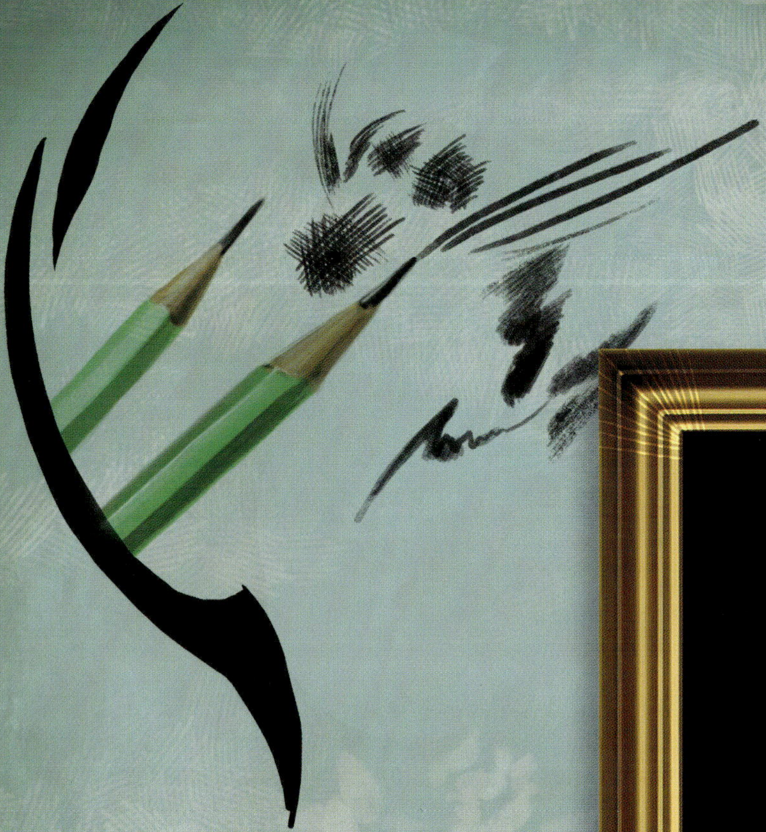

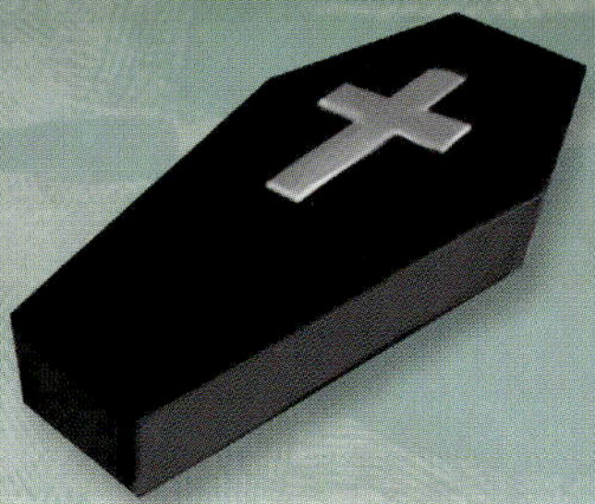

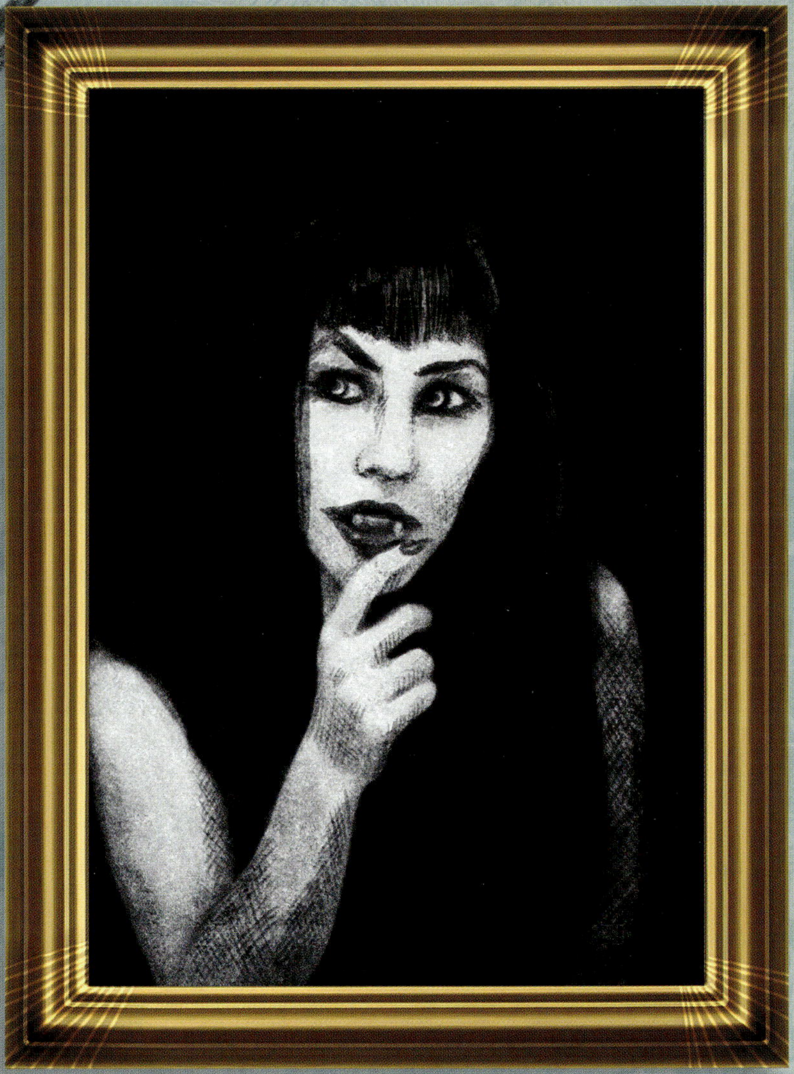

LE CRAYON À PAPIER

Le crayon à papier est très simple d'emploi et peut servir aussi bien à réaliser de rapides croquis que des illustrations beaucoup plus achevées. Une grande diversité de « graisses » permet de multiples effets : les crayons de la gamme H (H, H2...), très secs, sont parfaits pour réaliser des illustrations techniques ou des crayonnés très légers à effacer par la suite ; ceux de la gamme B (B, 2B, 3B... jusqu'à 8 ou 9B), plus gras, sont idéals pour le dessin artistique et pour représenter les zones sombres. Quant au crayon HB, le plus facile à se procurer dans le commerce, il est d'une dureté intermédiaire. Dans cet ouvrage, nous utiliserons principalement un crayon HB, un 2B et un 5B. Taillez-les à l'aide d'un cutter afin de bien dégager la mine et obtenir une pointe fine. Pour un rendu « crémeux » de zones uniformes et adoucies, pas besoin d'estomper ! Il vous suffira de tracer de très fins traits parallèles qui se touchent. Privilégiez un papier ayant un léger grain pour que le pigment accroche bien au support. Là encore, commencez par les valeurs claires pour aller vers les plus foncées et utilisez une gomme « mie de pain » pour les corrections.

LE PASTEL ET LE FUSAIN

Ces deux outils peuvent s'utiliser en complément du crayon de couleur ou autre. En mélangeant les techniques, vous obtiendrez des effets de matières originaux. Le pastel et le fusain permettent de larges aplats aux textures granuleuses particulièrement intéressantes dans le cadre de rendus d'ambiances (vieilles pierres, ambiances poussiéreuses, etc.).

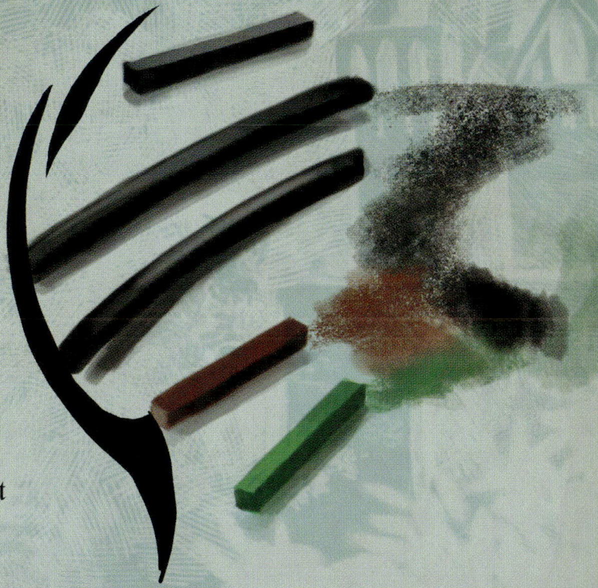

Le fusain ressemble à du charbon et permet de réaliser des traits très sombres. À l'instar du pastel sec, il peut s'estomper à l'aide de papier buvard, d'un mouchoir, d'un Coton-Tige ou d'une estompe. Le pastel gras, quant à lui, est plus proche du crayon de couleur. C'est une technique à l'huile qui nécessite un solvant particulier pour être estompé (un peu d'huile ou d'essence de térébenthine suffiront à le faire « fondre »). Ce type de pastel nécessite de préférence un support préparé (base imperméabilisée avec Gesso), alors que le pastel sec et le fusain peuvent être employés sur n'importe quel type de papier. Comme pour les autres techniques, commencez par les teintes claires pour aller vers les teintes foncées.

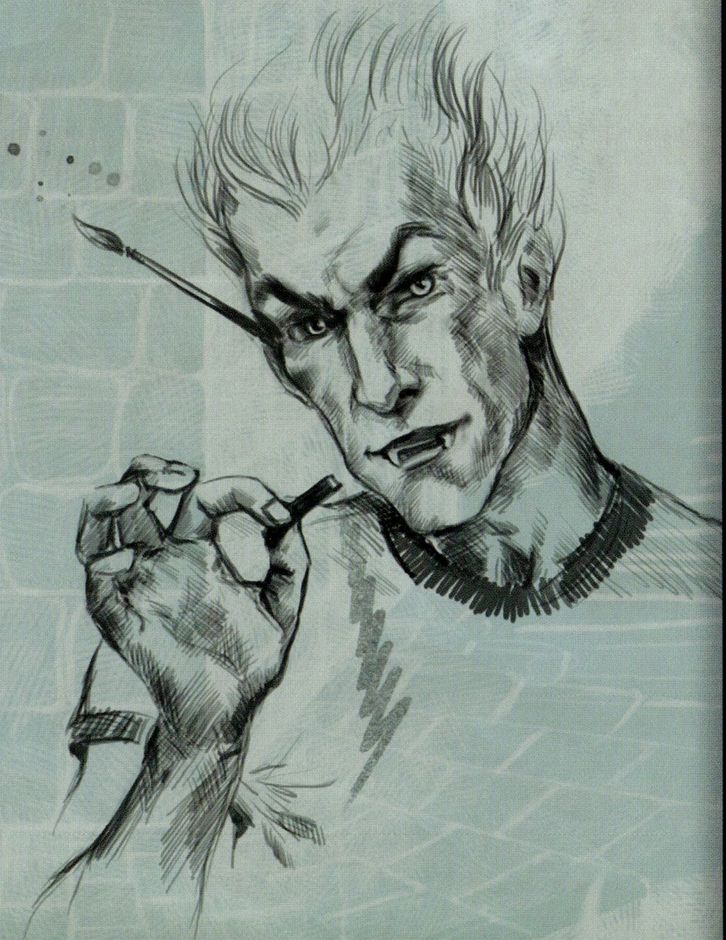

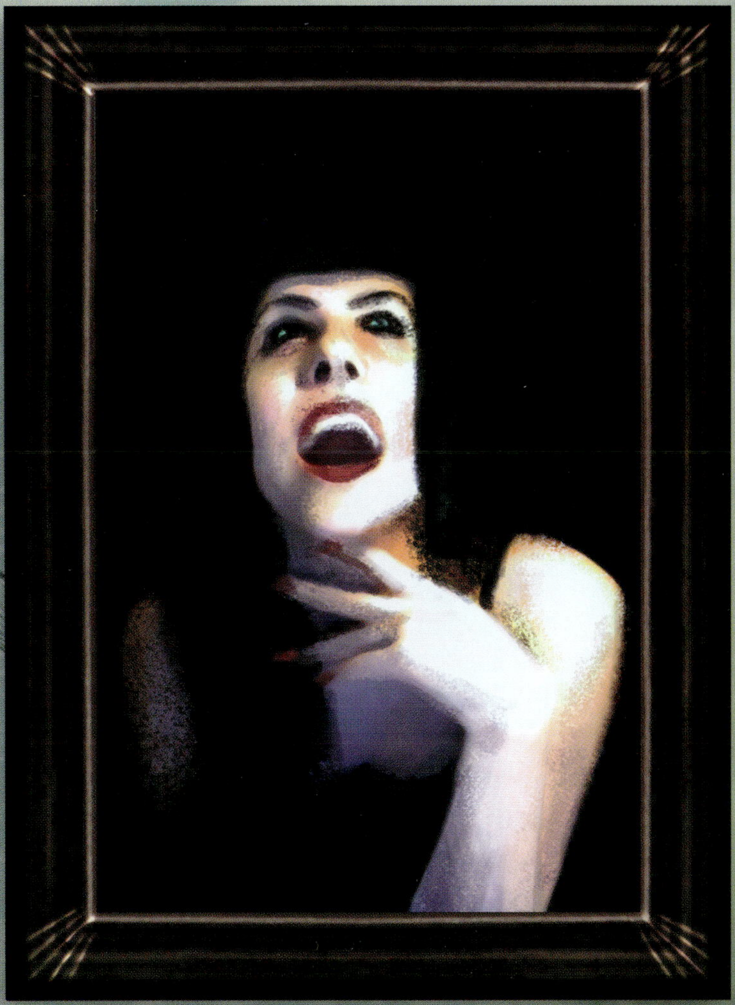

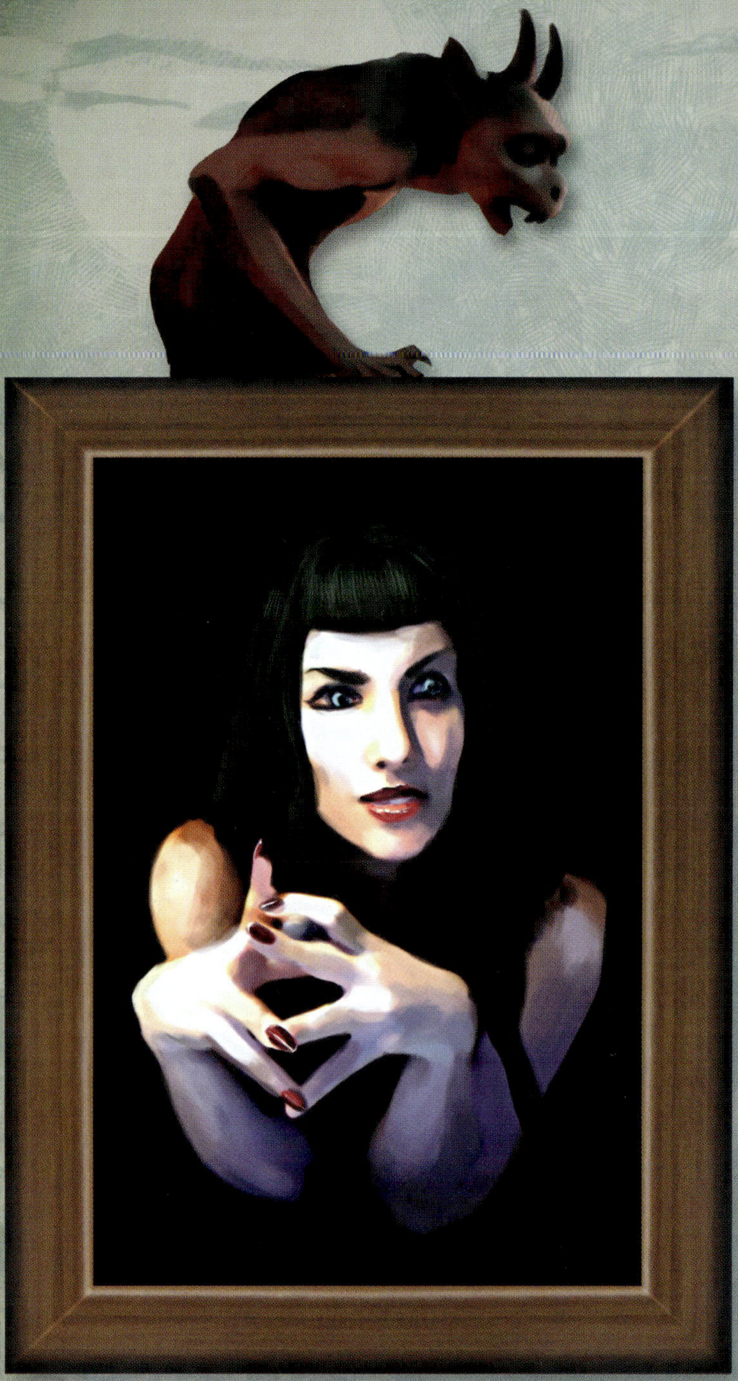

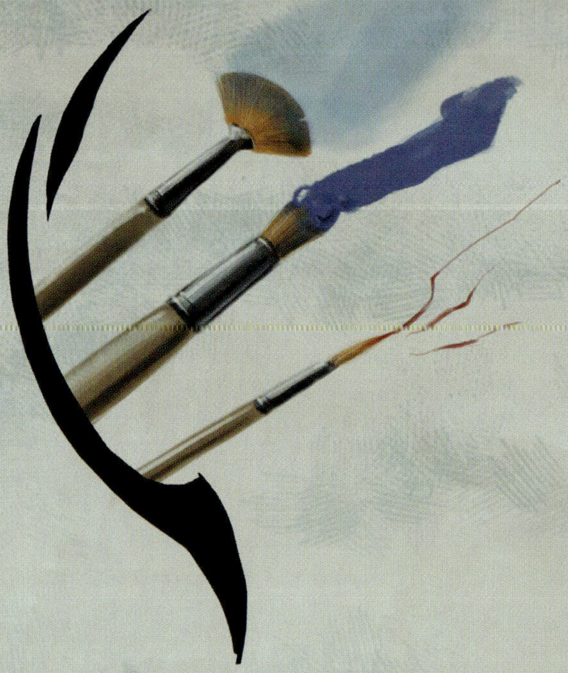

L'ACRYLIQUE

L'acrylique est une peinture à l'eau qui s'achète en tube ou en flacon. Cette technique autorise de nombreuses nuances et permet de superposer les couleurs après séchage, contrairement à la gouache qui redevient humide et se mélange à la couche fraîchement ajoutée. Plus l'acrylique sera diluée et plus le rendu sera proche des couleurs lumineuses de l'aquarelle. En la diluant très peu, vous obtiendrez des couleurs opaques, saturées en pigment et veloutées.

L'acrylique s'utilise sur du papier épais afin d'éviter que celui-ci ne gondole. Ayez à portée de main deux, voire trois récipients d'eau et un torchon. Utilisez le premier récipient pour nettoyer l'excédent de peinture et le second pour ôter le reste de pigments accrochés au pinceau. Vous pourrez ensuite éponger l'excédent d'eau du pinceau et utiliser le troisième récipient pour l'imbiber à nouveau d'eau pure. Cela vous évitera d'obtenir des mélanges imprévus - et souvent fâcheux - de couleurs.

Selon la quantité de couleur à poser ou le type de matière souhaitée, jouez avec des pinceaux de différentes formes et tailles : brosses rondes ou plates, pinceaux très fins pour les détails, pinceaux « trois poils », brosses dures ou souples, etc.

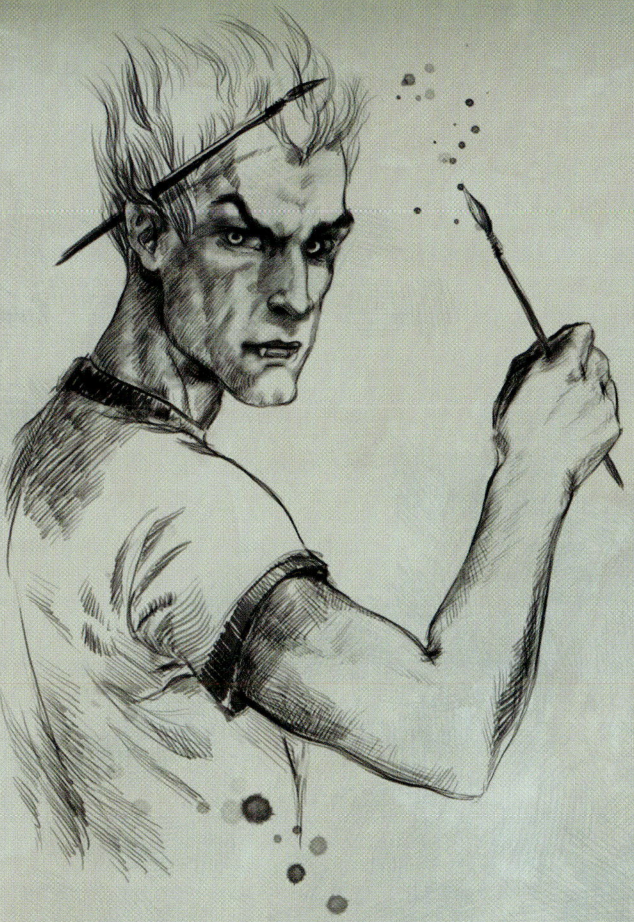

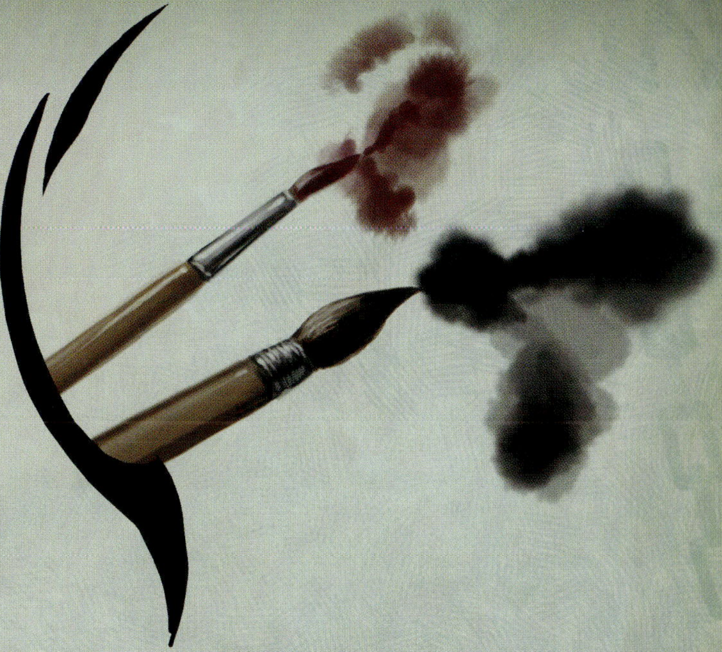

Astuce !
Un bac à glaçons fera une excellente palette pour créer des teintes spécifiques en mélangeant les couleurs dans chaque petit compartiment.

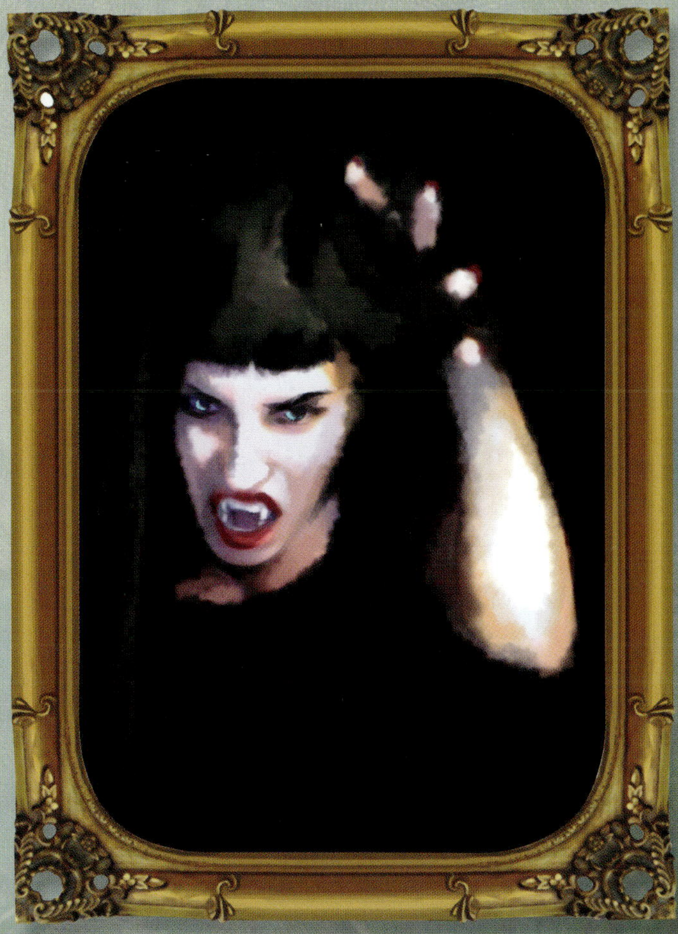

LE LAVIS

La technique du lavis, assez proche de celle de l'aquarelle, consiste à mélanger la couleur avec une grande quantité d'eau. Nous utiliserons ici des encres. Prévoyez un papier spécial aquarelle très épais qui absorbera l'excédent d'eau sans se gondoler.

Choisissez également des pinceaux adaptés à l'aquarelle. Très épais à la base, ils peuvent contenir beaucoup d'eau, permettant ainsi la diffusion des pigments. Il vous en faudra plusieurs : un qui servira exclusivement à mouiller la feuille et d'autres (plus ou moins fins) pour déposer la couleur et peindre les détails. Prévoyez aussi un chiffon propre pour absorber l'excédent d'eau.

Commencez par les zones les plus claires pour foncer progressivement la couleur, tout en réservant les blancs pour les zones de lumière. Nul besoin de mettre trop d'encre sur votre pinceau : l'eau permet une excellente diffusion des pigments et la couleur sera éclatante, même diluée. Comme pour l'acrylique, ayez plusieurs récipients d'eau et un chiffon à portée de main.

La palette

Pourquoi ne pas utiliser les outils informatiques pour dessiner ? Grâce à un logiciel de dessin (Adobe Photoshop, par exemple) et une palette graphique, entrez dans le monde numérique pour créer des personnages du plus bel effet ! Vous pouvez également enrichir vos réalisations en les mixant aux techniques traditionnelles de dessin et de peinture.

I

Esquissez les volumes principaux du personnage à l'aide d'une brosse ronde dure et fine. Les lignes en rouge indiquent les parties cachées des volumes.

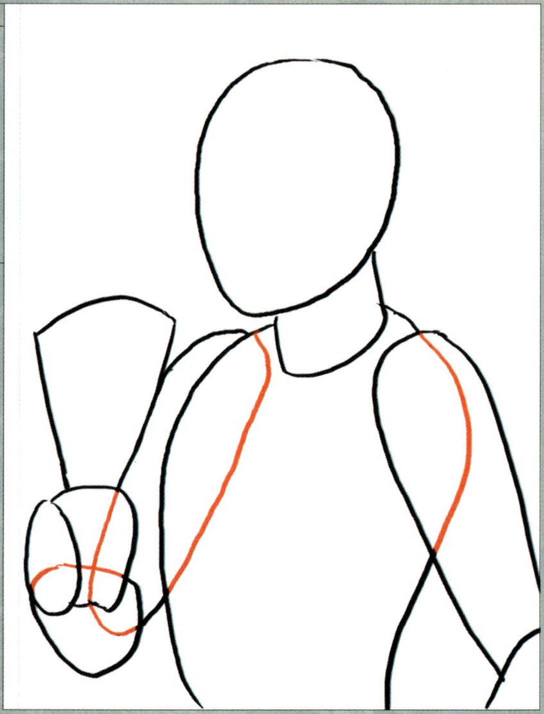

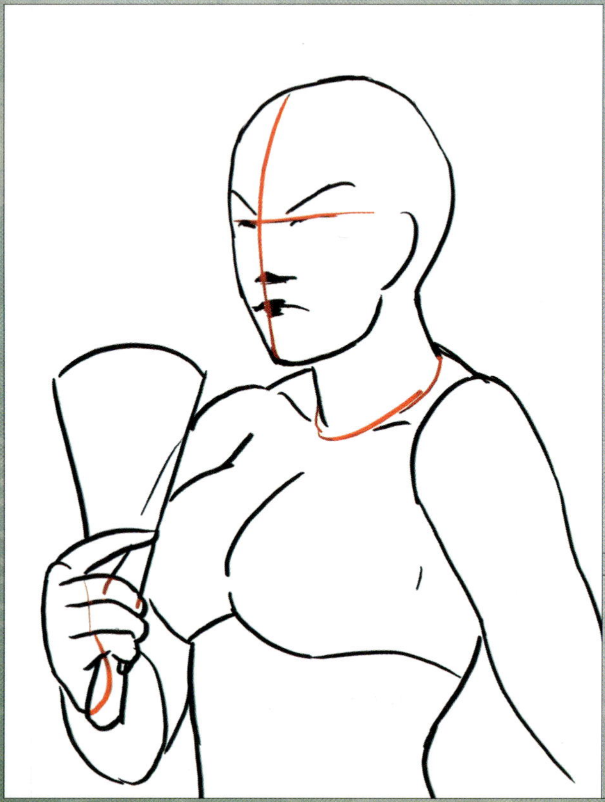

II

Dessinez les lignes de force, puis indiquez l'emplacement des yeux, du nez, de la bouche et de l'oreille visible. Dessinez la forme générale des doigts et de la poitrine.

graphique

III

Détaillez délicatement le visage. Esquissez la chevelure. Tracez les baleines du corset et la forme des bonnets. Placez la boucle d'oreille.

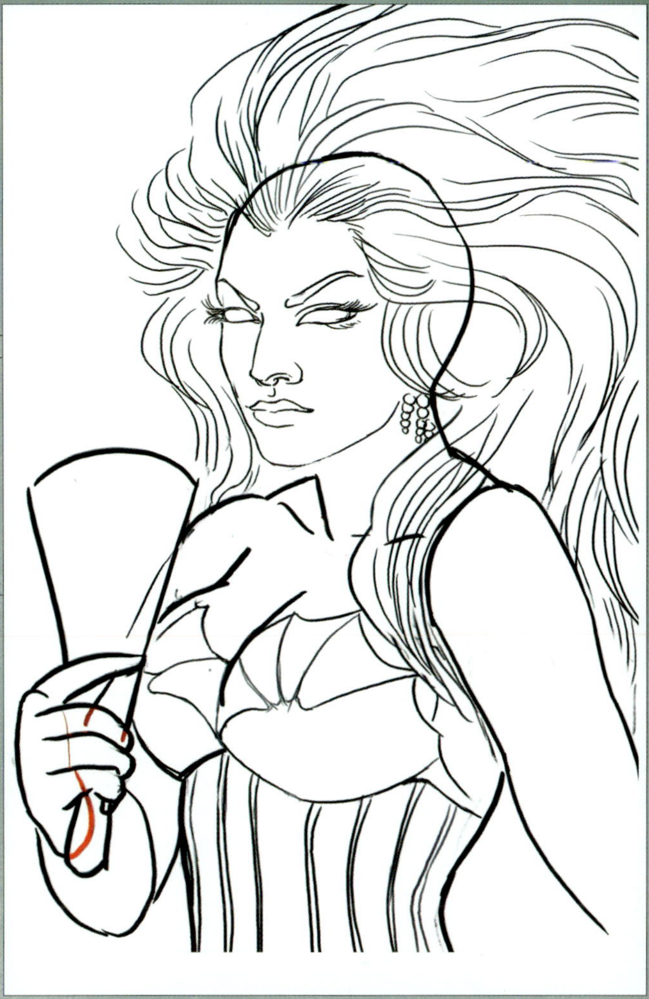

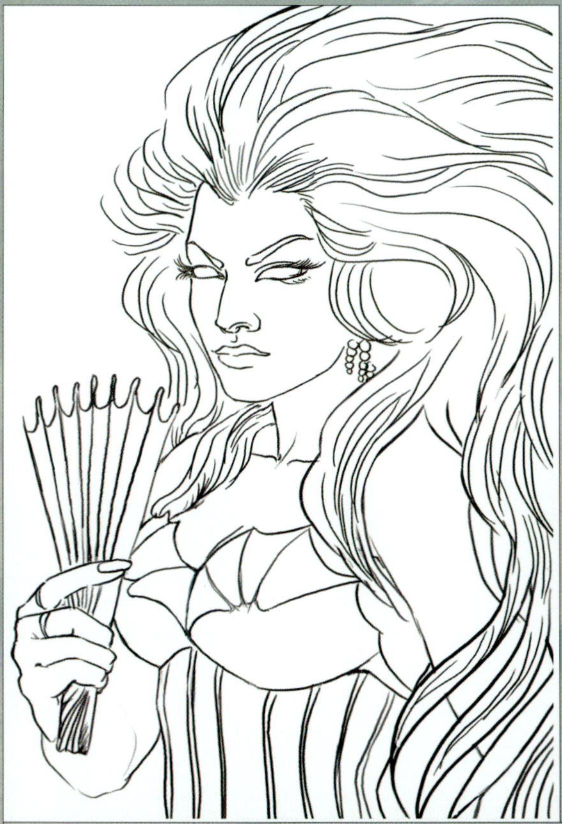

IV

Continuez à travailler les détails et effacez les lignes de construction inutiles. Accentuez le flot de la chevelure. Précisez l'éventail et les doigts de la main.

V

À l'aide d'une brosse « aquarelle », montez les valeurs avec un noir ou un brun sombre. L'opacité de la brosse doit être réglée sur la pression de la plume afin d'obtenir un rendu aussi naturel que possible. Vous pouvez, de la même façon, repasser du blanc sur vos valeurs sombres pour « chasser » la couleur.

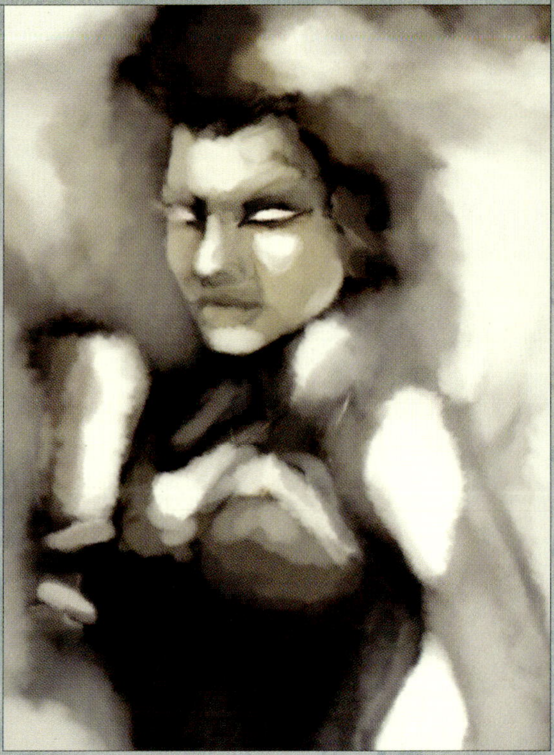

De façon traditionnelle, cette étape et les suivantes se réalisent au lavis.
Mouillez votre support et montez les valeurs en employant de l'encre de Chine très diluée dans un premier temps, puis de moins en moins diluée. Réservez les blancs.

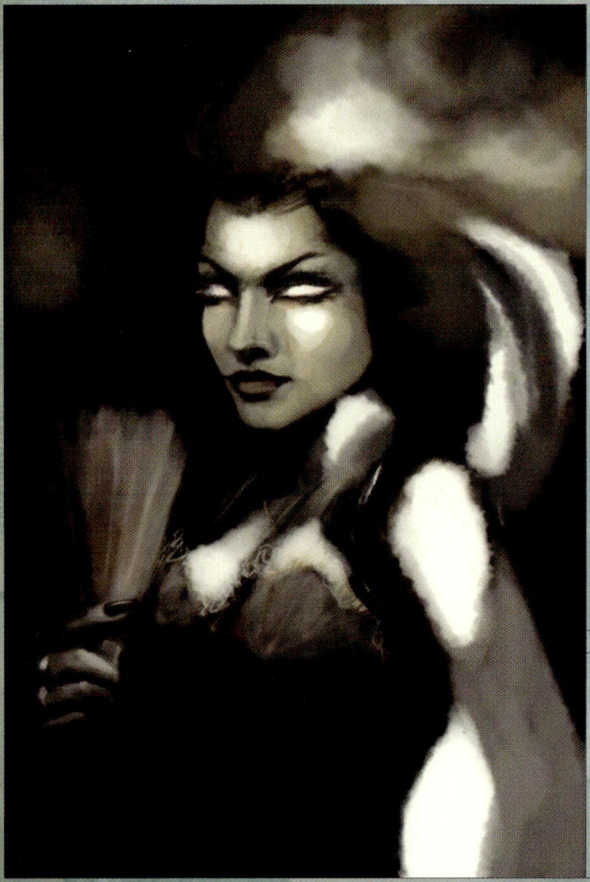

Avec la technique du lavis, continuez à monter les valeurs et accentuez les détails à l'aide d'un pinceau plus fin que celui utilisé à l'étape précédente. Vous pouvez chasser les pigments en déposant un filet d'eau, notamment au niveau de la dentelle du corset.

VI

Continuez à monter les valeurs comme s'il s'agissait d'une aquarelle traditionnelle. Utilisez du blanc ou du beige pour dessiner la dentelle du corset et soulignez le regard d'un noir profond pour en renforcer l'impact.

Terminez le dessin au lavis en montant encore les valeurs. Faites tomber quelques gouttes d'eau pour chasser les pigments sur le fond afin d'accentuer l'ambiance et les textures. Laissez sécher votre dessin et ajoutez éventuellement un glacis d'un mélange de brun et de doré très dilué pour donner plus de mystère au personnage.

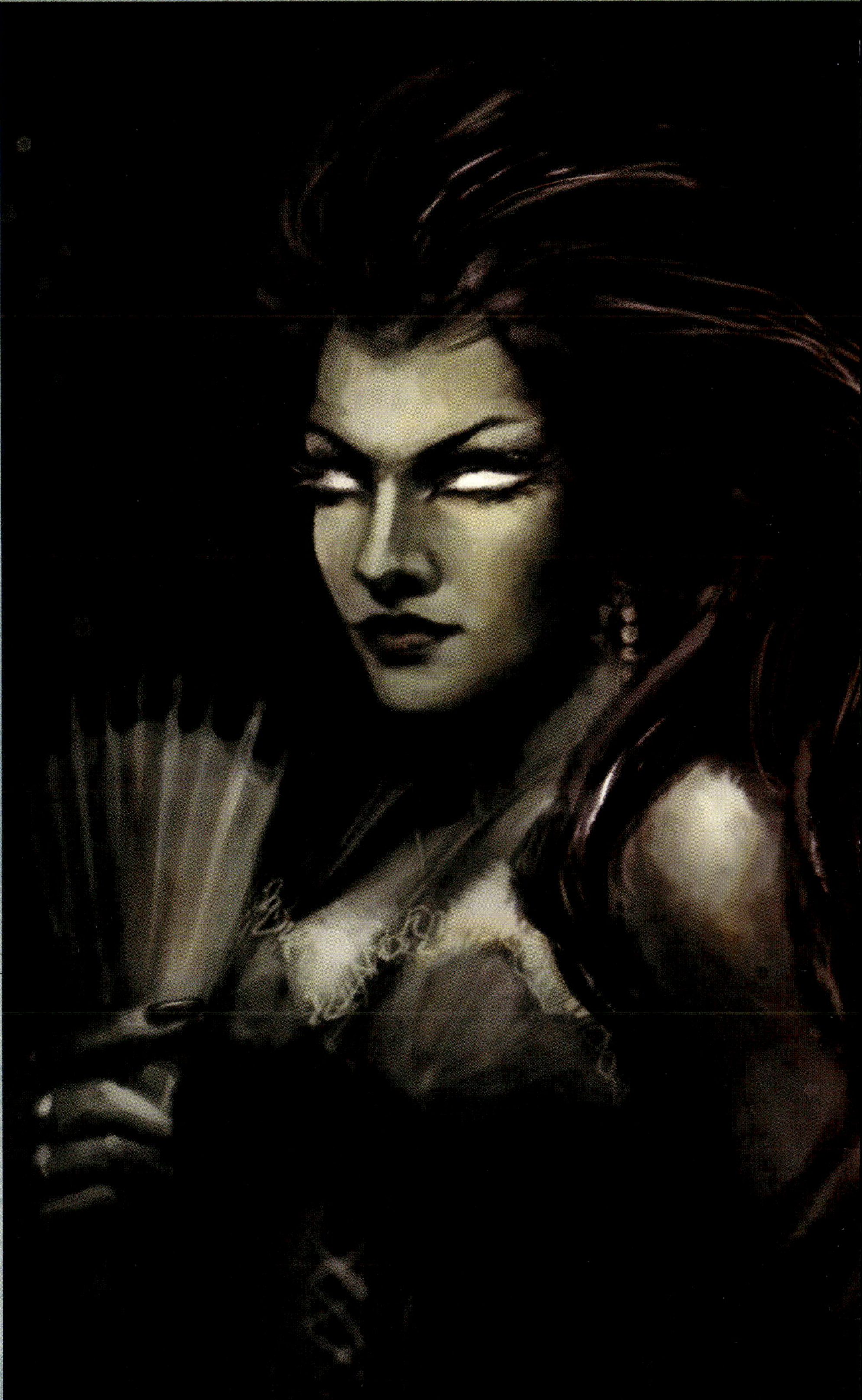

VII

Accentuez les valeurs jusqu'à ce que l'image soit dense et profonde. À l'aide d'une brosse « gouttes », ajoutez quelques « gouttes de peinture » pour renforcer les textures et l'ambiance générale. Allez dans le menu Image => Réglages => Niveaux et jouez avec les différents niveaux de colorimétrie pour modifier les teintes.

La lignée

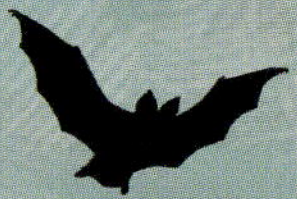

De morsure en morsure, les vampires sont tous issus d'une même famille. Voici une galerie de portraits représentant la longue lignée de la famille de Wilfried, charmant jeune artiste que vous avez pu apercevoir dans les pages précédentes, un pinceau sur l'oreille…

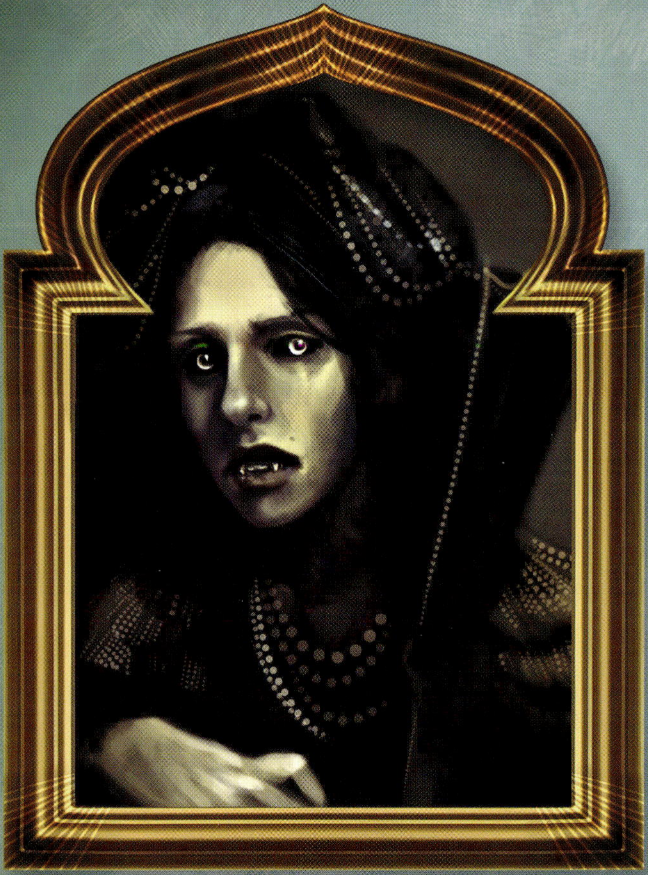

Tout commença avec Ali, maharaja élégant mais quelque peu anémié…

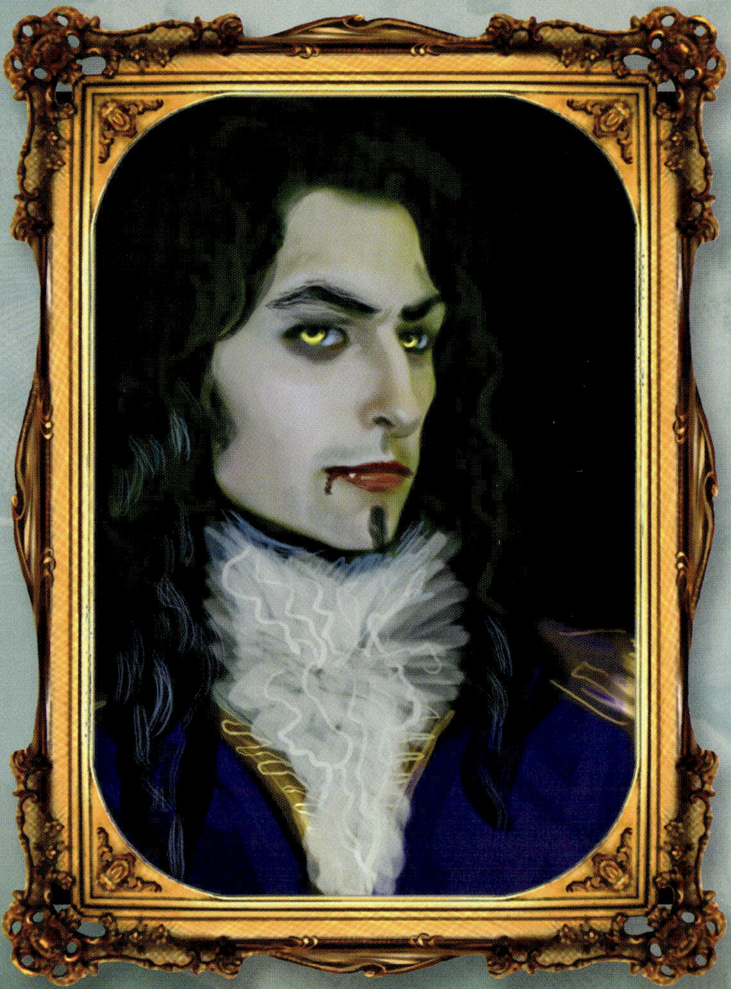

Ali rendit visite à Louis-Philémon, duc de son état, afin d'entamer des négociations marchandes en épices et joyaux. Fraîchement mordu par une chauve-souris aux étranges yeux rouges, Ali sentit le besoin irrépressible d'en faire de même et croqua le beau duc sans ménagement. C'est ainsi que ce dernier entra dans le monde des vampires.

des vampires

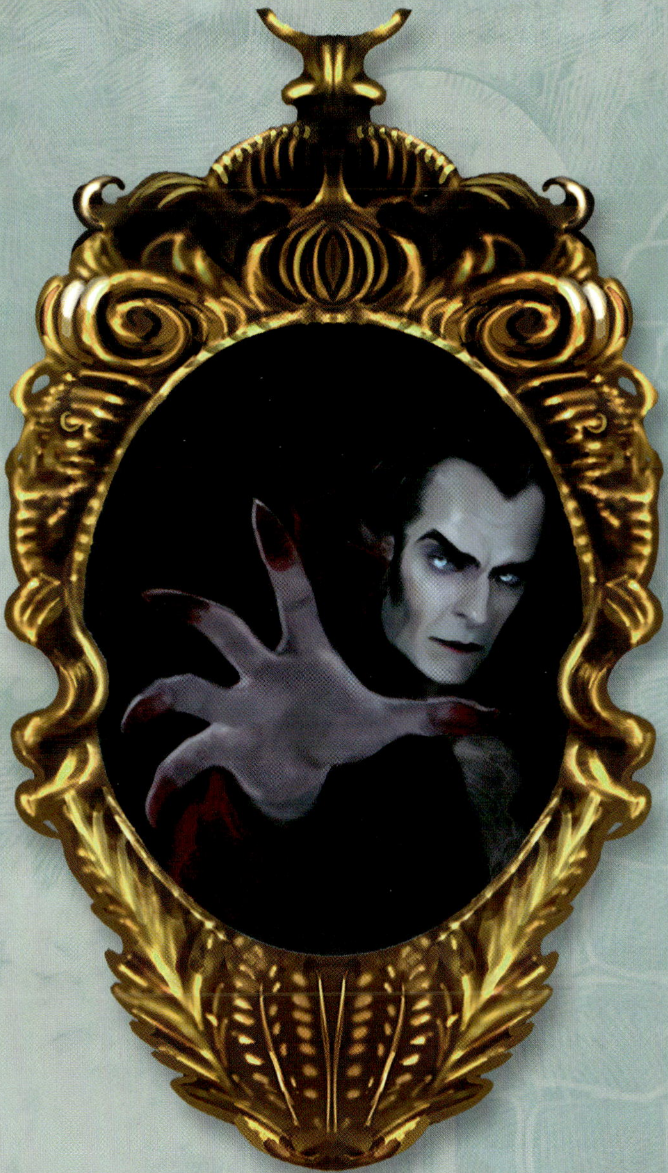

Louis-Philémon tenta par la suite d'usurper l'identité de notre maître à tous, ce cher Vlad, plus connu sous le nom de Comte Dracula.

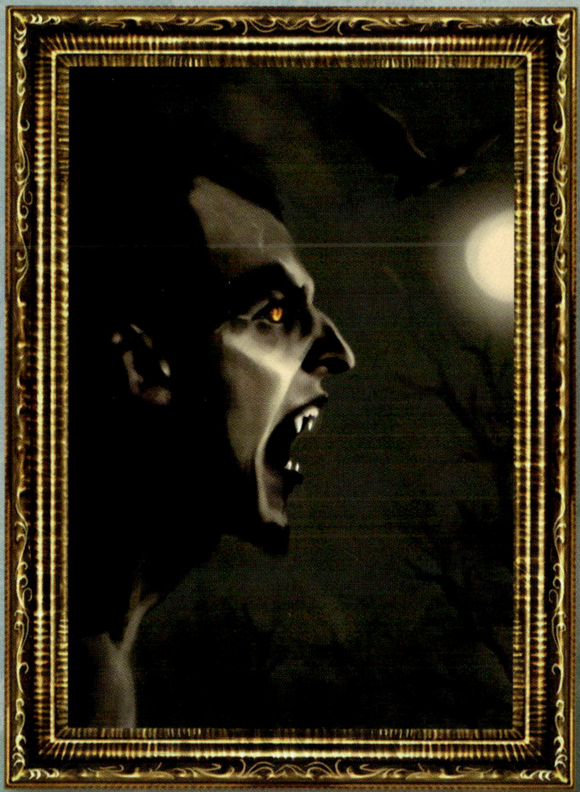

Louis-Philémon mordit ensuite son cousin dont l'activité favorite consista à hurler à la Lune.

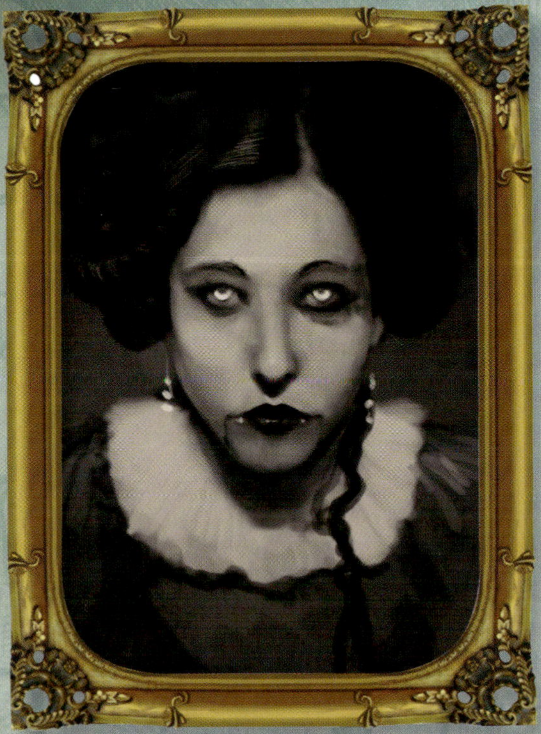

Entre deux hurlements, ce dernier eut quand même le temps de mordre un gentil couple de gens du peuple, Marie et Barnabé, ainsi que notre cher Wilfried, quelques siècles plus tard.

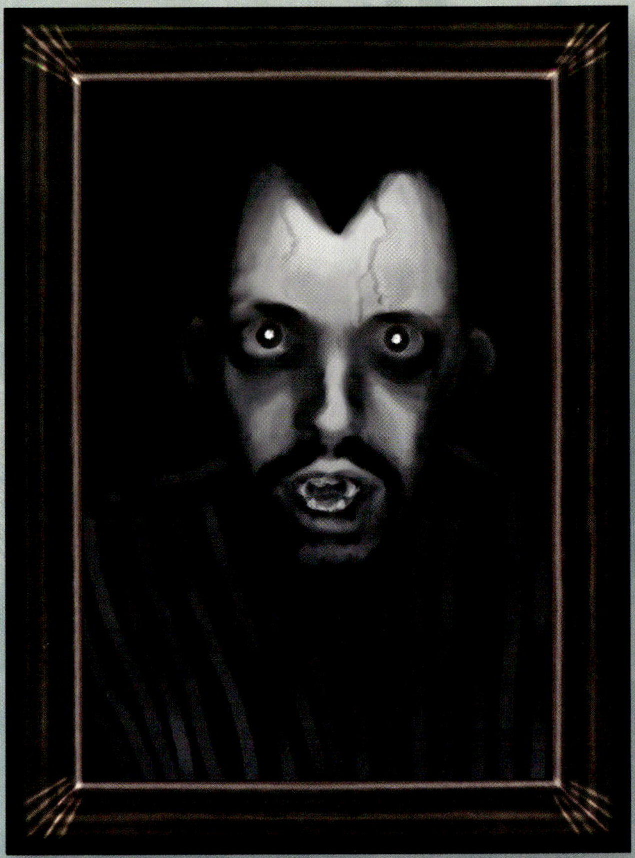

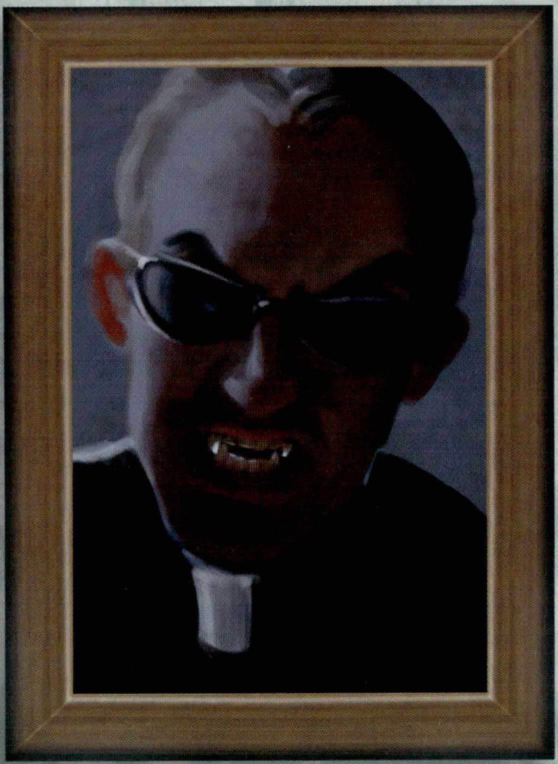

Le couple mordit à son tour Jack, acteur très imbu de sa personne qui adore jouer le rôle de curé et ne quitte jamais ses lunettes de soleil, même en pleine nuit.

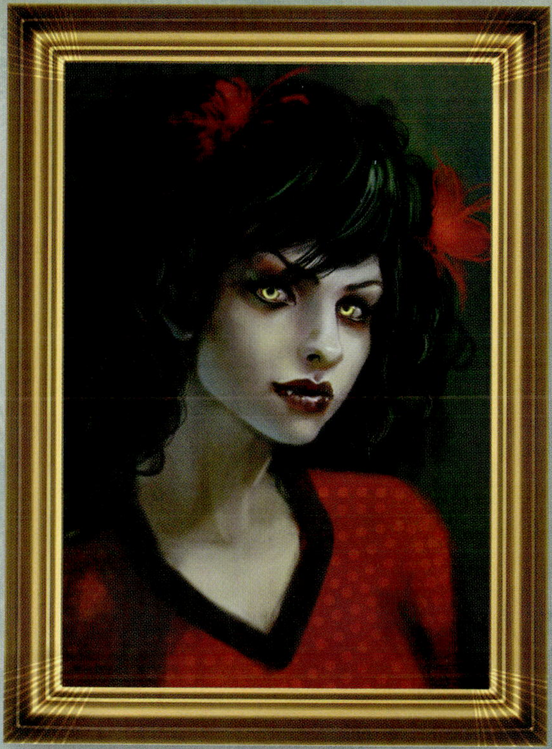

À la même époque, en 1963, Wilfried croquait Natalie. Qui aurait résisté ? Cette très jolie jeune femme lança le mouvement féministe nocturne chez les vampires en mai 1968.

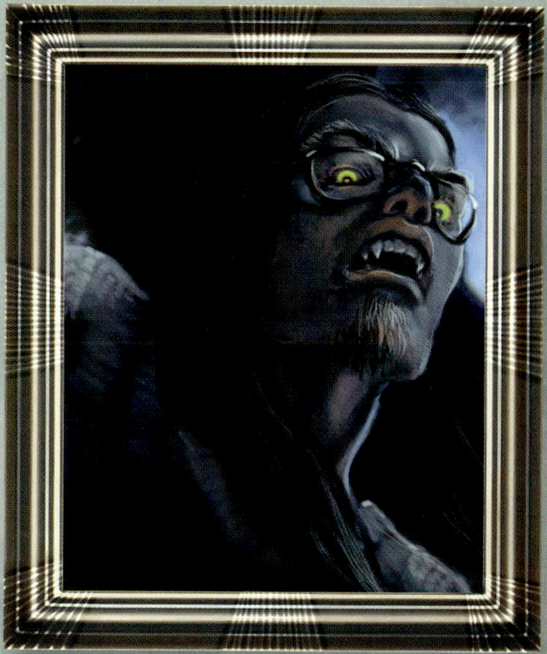

Natalie a depuis mordu un jeune informaticien...

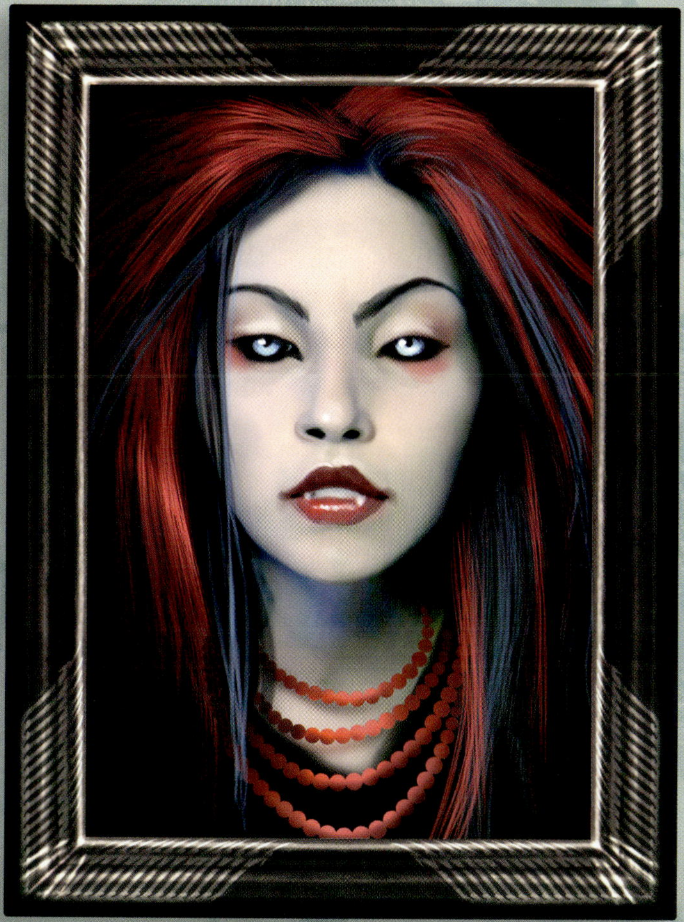

... qui a lui-même enfoncé ses canines acérées dans le ravissant cou de Mayumi, l'assistante de Wilfried qui nous a d'ailleurs apporté de précieux conseils pour l'élaboration de ce livre.

Les créatures

Le monde de la nuit voit naître diverses créatures, toutes plus effrayantes les unes que les autres. Parmi les plus connues se trouvent le vampire, la succube, le loup-garou (aussi appelé lycanthrope), la goule et la dame blanche que vous avez peut-être déjà croisée au bord d'une route...

LE VAMPIRE

N'appartenant ni au monde des vivants ni à celui des morts, cette créature se nourrit du sang des vivants. Le vampire est immortel, sauf si un petit malin se décide à employer des techniques fort répréhensibles pour l'assassiner... Ainsi, il craint farouchement l'ail, les crucifix et l'eau bénite. Un pieu dans le cœur, une décapitation ou une crémation l'achèveraient. La lumière du soleil peut le faire énormément souffrir, bien qu'elle ne le tue généralement pas. Certains vampires y sont cependant allergiques et n'y survivent pas.

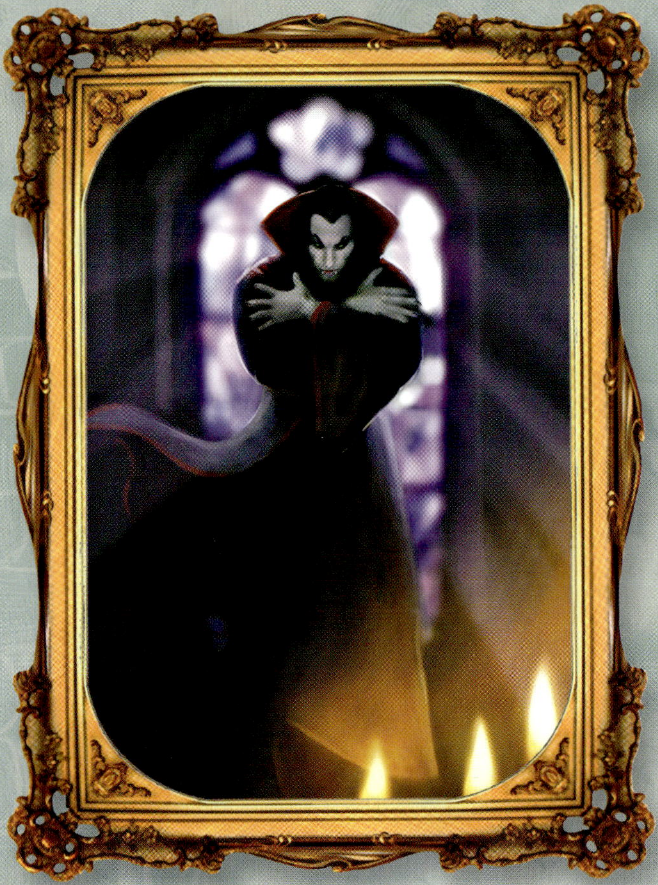

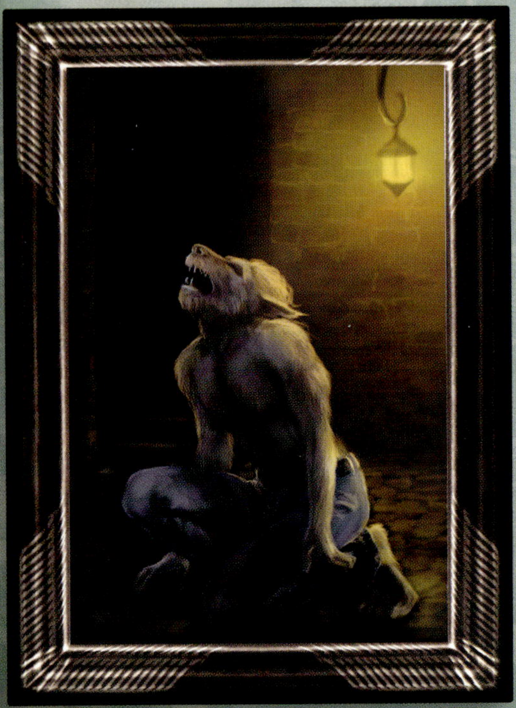

LE LOUP-GAROU (OU LYCANTHROPE)

Il s'agit d'un homme ou d'une femme qui se métamorphose en un terrible loup les soirs de pleine lune. La seule façon de le tuer est de lui envoyer une balle en argent dans le cœur. Sa morsure transmet sa maladie et donne le triste pouvoir à la victime de se transformer elle-même en loup-garou. En dehors des épisodes de pleine lune, cet être redevient un vulgaire humain n'ayant pas forcément conscience de son état lorsqu'il se transforme.

de la nuit

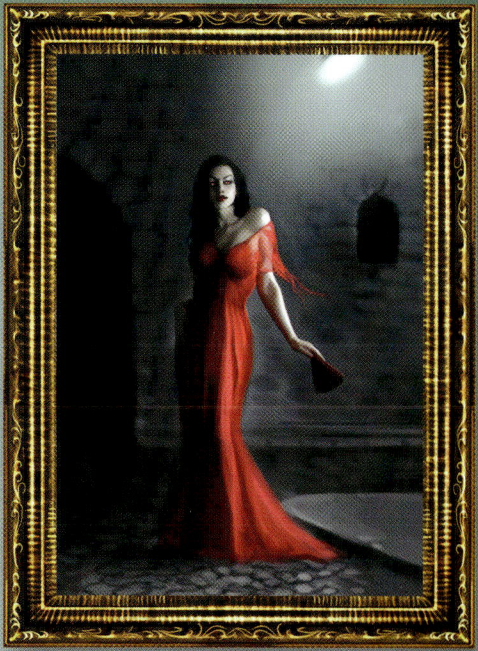

LA SUCCUBE

Cette créature malfaisante séduit les hommes afin de se repaître de leurs fluides vitaux. Il s'agit généralement de l'incarnation d'un démon sur Terre. D'une grande beauté, la succube est irrésistible... Mais ne vous y méprenez pas ! Si vous la croisez, fuyez avant qu'elle ne s'empare de vous pour ne laisser, au petit matin, que votre corps inanimé. C'est la femme fatale dans tous les sens du terme.

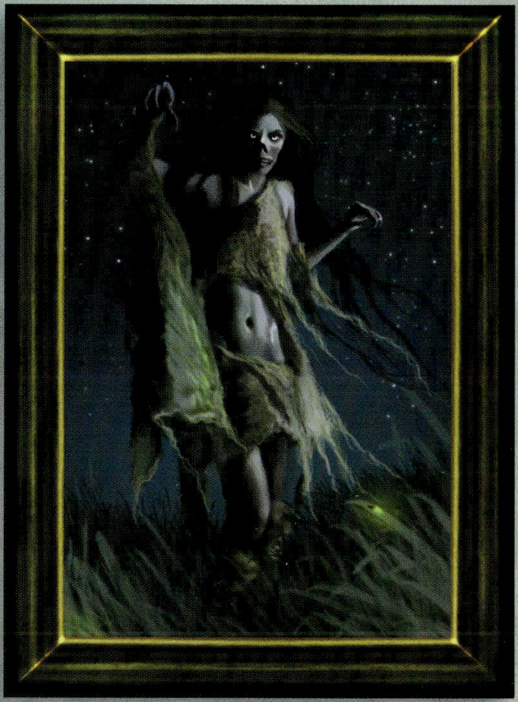

LA GOULE

À mi-chemin entre le vampire et le zombie, la goule est un personnage moins intelligent qu'eux, pouvant même leur servir d'esclave. Il s'agit parfois d'un vampire « raté » qui se nourrit de chair fraîche, de chair avariée ou de sang... La goule n'est pas très regardante sur la qualité de son menu, pourvu qu'il s'agisse de chair ! Si vous la croisez, détalez avant qu'elle ne vous attrape !

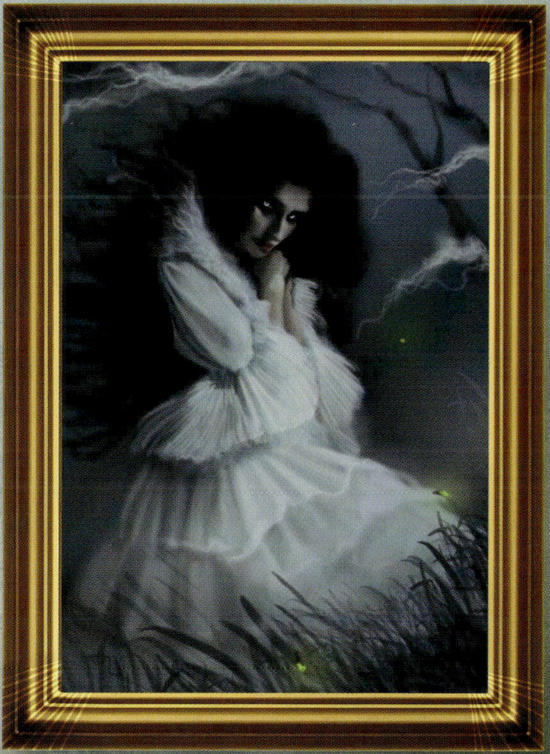

LA DAME BLANCHE

La dame blanche erre au détour des routes, dans les landes et forêts en guettant parfois les automobilistes, telle une auto-stoppeuse. Toute vêtue de blanc, elle monte dans la voiture pour disparaître en hurlant ou se volatiliser au point d'arrivée, laissant au conducteur l'horreur de découvrir qu'il s'agissait en général d'une personne décédée accidentellement. Il peut arriver qu'elle attaque les passants, bien qu'elle ne soit généralement pas dangereuse. Elle est plutôt annonciatrice d'un danger ou d'une mort prochaine.

Loup-garou

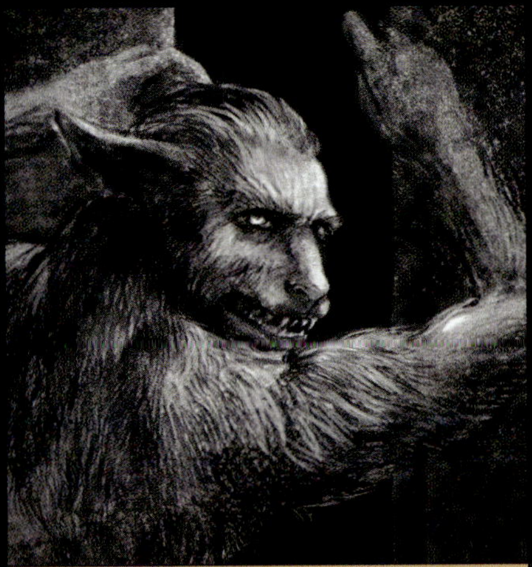

FÉROCE ET SANS PITIÉ, LE LOUP-GAROU — OU LYCANTHROPE — POURCHASSE SES VICTIMES LES NUITS DE PLEINE LUNE. QUE VA-T-IL DONC CHERCHER DANS CETTE CRYPTE SOMBRE ? LE CRAYON ET LE FUSAIN RENDRONT PARFAITEMENT L'AMBIANCE ROMANTIQUE DU THÈME, CONFÉRANT À L'IMAGE UN AIR DE VIEILLE GRAVURE.

MATÉRIEL

- PAPIER ÉPAIS (180 OU 240 G) À LÉGER GRAIN
- CRAYONS HB, 2B, 5B
- GOMME MIE DE PAIN

FUSAINS

- OCRE JAUNE

CRAYON SEC (OU PASTEL SEC)

- BLANC

I

Avec des formes simples, ébauchez le volume du corps au crayon. Placez les lignes principales du décor, puis les lignes de force (ici en rouge) afin de juger des proportions. Placez les yeux et esquissez l'ouverture de la gueule.

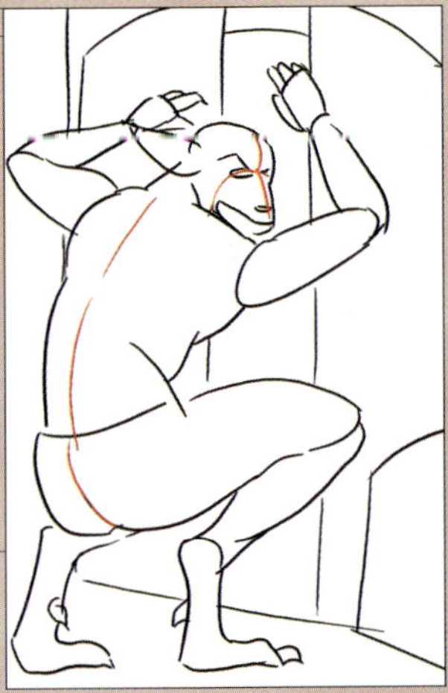

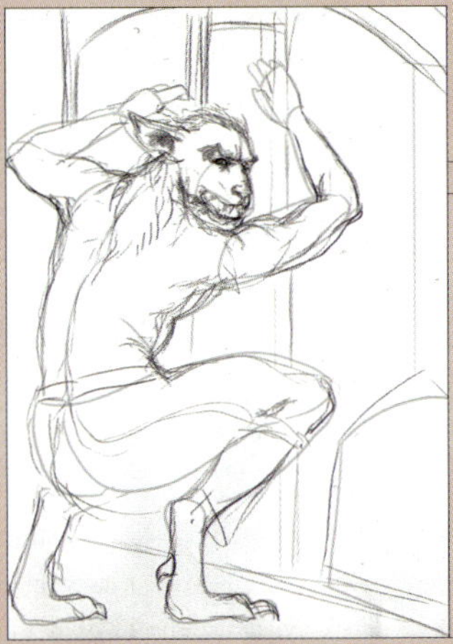

II

Soulignez le pantalon et précisez la gueule. Le regard doit être dur et directement tourné vers le spectateur. Employez un trait lâché afin de faire ressortir le mouvement de la créature.

III

Commencez à poser les ombres en traçant de fines hachures parallèles à l'aide des crayons, du plus clair vers le plus foncé. Les hachures doivent presque se toucher pour créer une surface ombrée uniforme. Renforcez certaines zones.

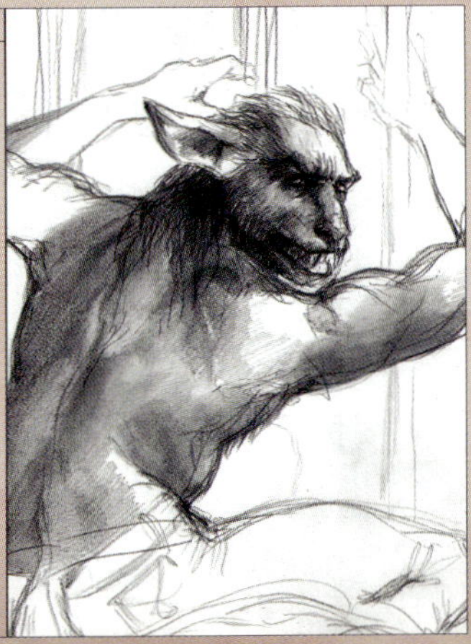

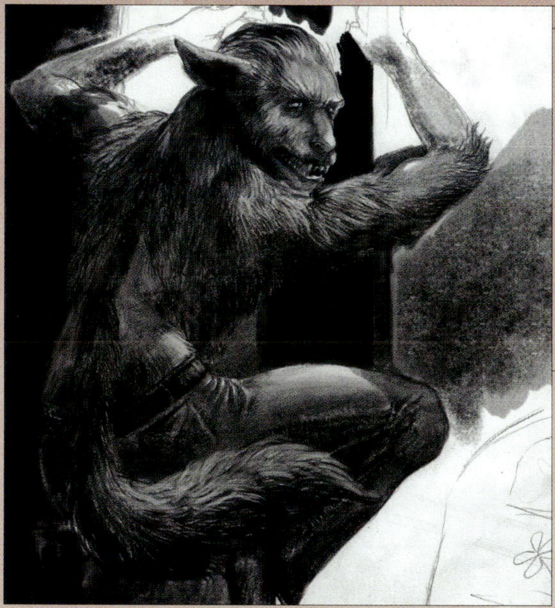

IV

Continuez à monter les ombres en gardant la source lumineuse constante. Affinez la fourrure à la gomme pour ôter du pigment et faire ressortir des zones claires comme à l'extrémité de la queue. Utilisez le fusain pour donner un aspect granuleux au mur, à l'arrière-plan.

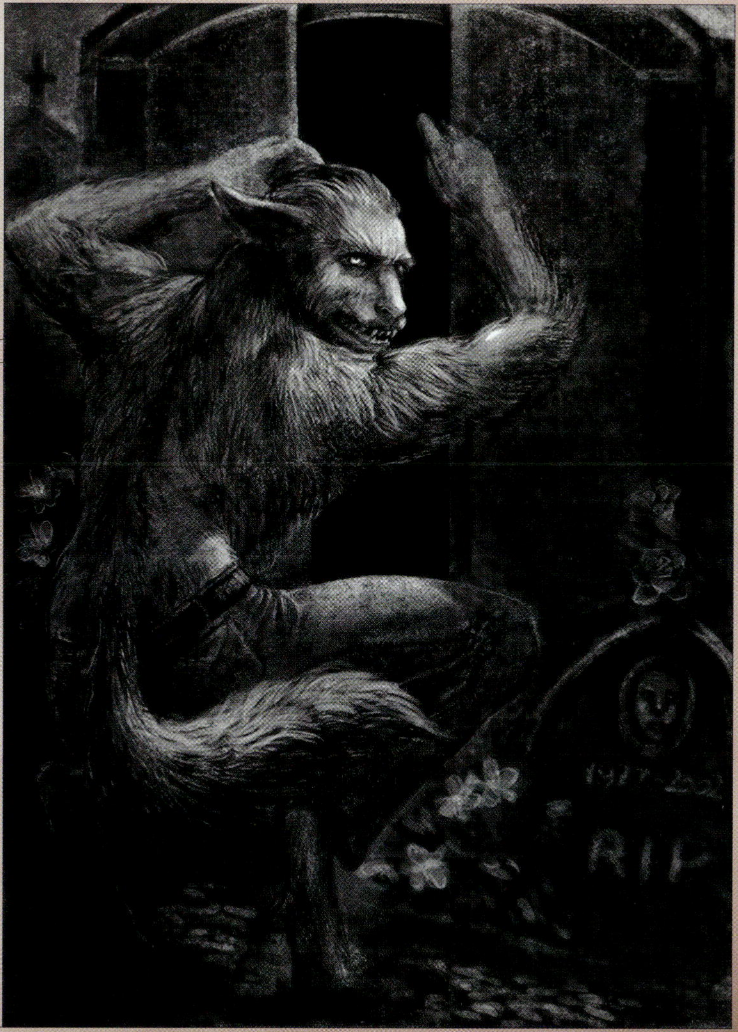

V

Composition finale

Éclaircissez l'œil à la gomme. Foncez le décor alentour. Précisez les détails du personnage en repassant plusieurs fois sur certaines zones sans trop appuyer sur le papier. Évoquez une tombe sur la droite et dessinez les fleurs pour suggérer le cimetière. Ombrez l'image de façon à ce que la gueule soit la zone la plus claire, attirant le regard. Terminez en ajoutant les derniers détails (fourrure, portrait sur la stèle).

Vampire adolescent

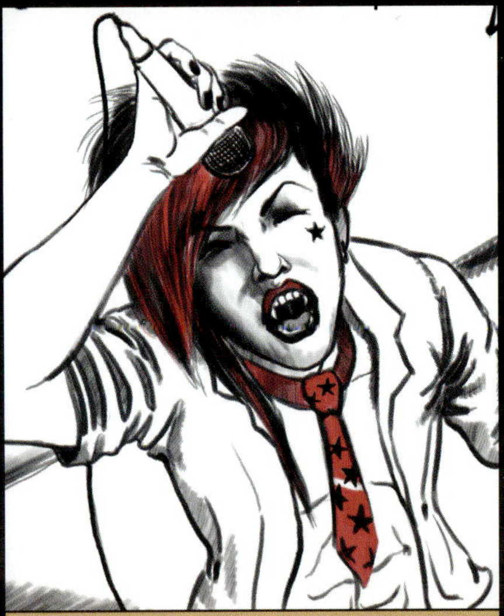

ICI ROCKEUR, UN JEUNE VAMPIRE PEUT AUSSI BIEN SE CACHER SOUS LES TRAITS D'UN SKATEUR, D'UN ÉTUDIANT OU D'UN ARTISTE... SEULS SES CROCS NE TROMPENT PAS ! LE FEUTRE SERA PARTICULIÈREMENT APPROPRIÉ POUR OBTENIR UN RENDU EFFICACE ET CONTRASTÉ, RENFORÇANT LE MOUVEMENT DU PERSONNAGE.

MATÉRIEL

- PAPIER ÉPAIS (180 G OU 240 G) TYPE BRISTOL
- CRAYON HB
- GOMME

FEUTRES

- ROUGE
- GRIS CLAIR
- GRIS MOYEN
- GRIS FONCÉ
- NOIR

I

À l'aide de formes simples, ébauchez les différents volumes du corps au crayon. Ajoutez les lignes de force (ici en rouge) qui serviront de repères visuels pour placer les éléments par la suite.

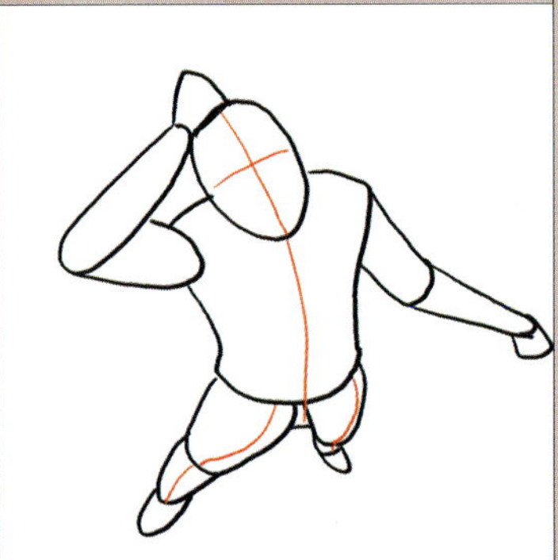

II

Commencez à esquisser les muscles et affinez les volumes pour définir la forme du corps. Placez le nez et la bouche.

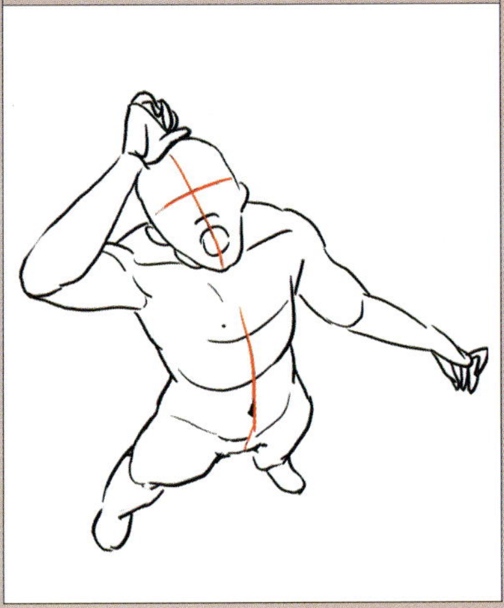

III

Ébauchez les vêtements, sans oublier les plis qui doivent suivre le mouvement. Détaillez le visage, la coiffure et l'expression du personnage. Gommez les lignes de force.

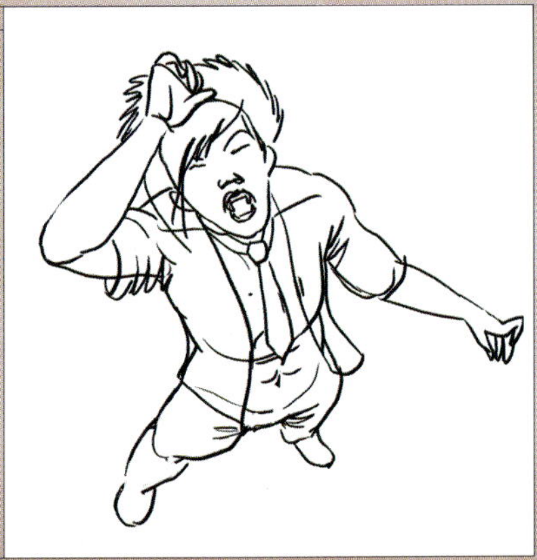

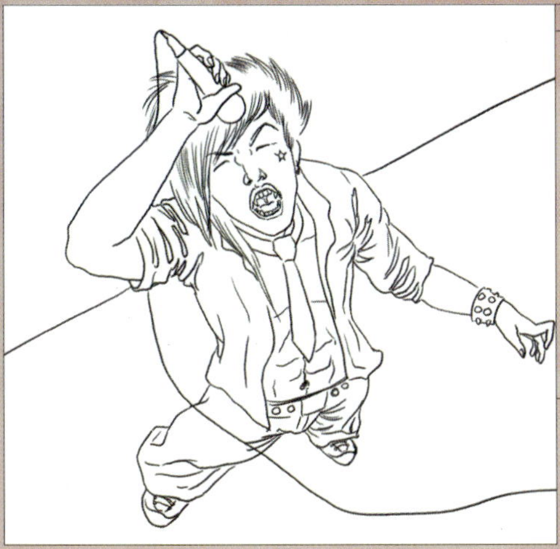

IV

Affinez le trait et les détails au crayon. Ajoutez des plis aux vêtements. Accentuez l'expression du personnage, détaillez les cheveux, les mains, le corps. Placez le micro. Une fois satisfait, redessinez les contours au feutre fin et effacez les traits inutiles.

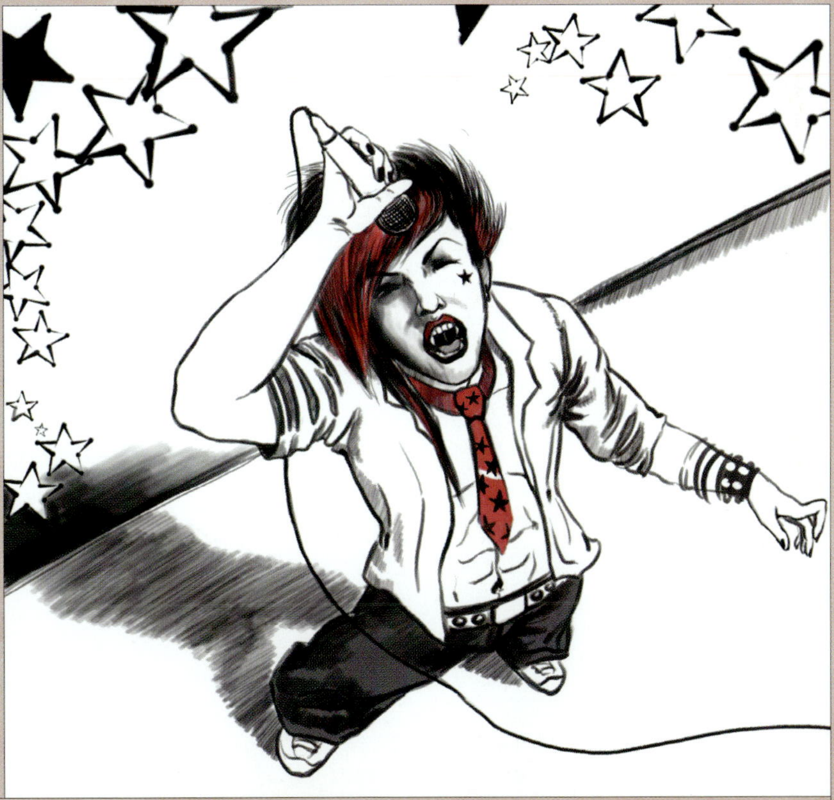

V

Composition finale

Placez les ombres au feutre en montant les valeurs du gris clair au gris plus foncé, jusqu'au noir. Ajoutez du rouge sur les éléments stratégiques : la coiffure, la cravate et les lèvres. Le contraste donnera de l'impact à l'image. Ajoutez l'ombre du personnage au sol pour renforcer la perspective. Reprenez l'étoile dessinée sur sa joue sur le fond de l'image pour créer un effet graphique et renforcer le dynamisme de l'ensemble.

Attaque d'un Gratte-nuit

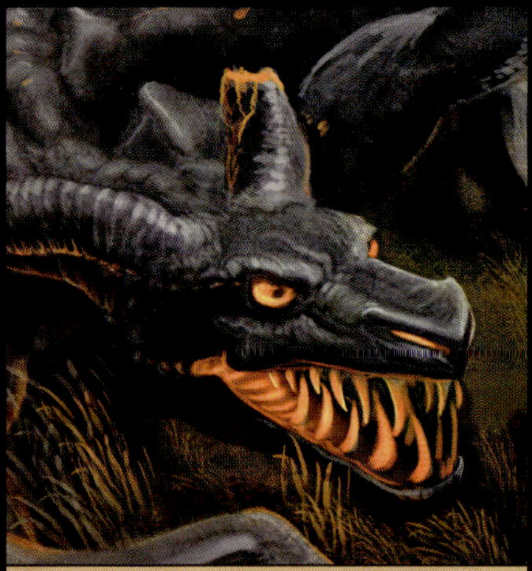

ACCULÉ AU BORD D'UNE FALAISE PAR UN FÉROCE GRATTE-NUIT, UN LOUP EST SUR LE POINT DE TOMBER DANS LE VIDE. S'IL VENAIT À ÊTRE TOUCHÉ, IL SERAIT CONDAMNÉ À ERRER DANS LA LANDE À LA RECHERCHE DE VICTIMES À HANTER. L'ACRYLIQUE EST IDÉALE POUR RENDRE LA RICHESSE DES TEXTURES DE LA PEAU DU MONSTRE ET LA LUMIÈRE DE L'AURORE.

MATÉRIEL

- PAPIER ÉPAIS (240 G)
- CRAYON HB

ACRYLIQUE
- JAUNE
- OCRE JAUNE
- ROUGE
- VERT ÉMERAUDE
- NOIR
- BLANC

I

À l'aide de formes simples, esquissez les silhouettes au crayon. La mise en place des volumes devant être rigoureuse, indiquez les lignes de force et les volumes cachés (ici en rouge) pour proportionner et articuler les éléments.

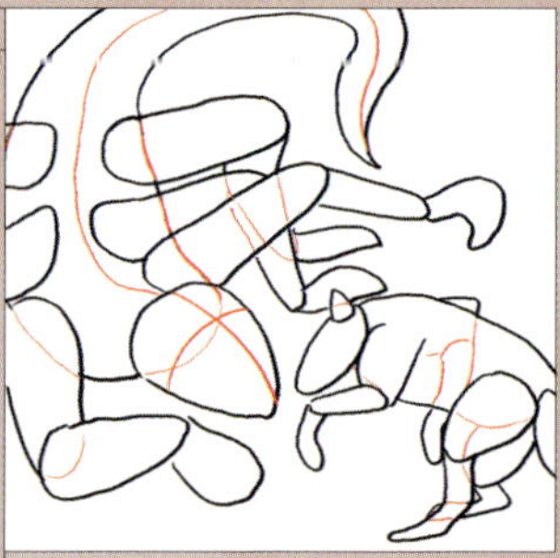

II

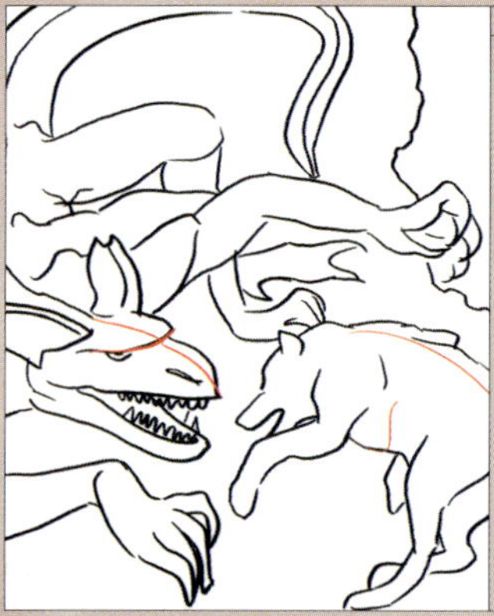

Affinez les tracés et gommez les traits inutiles. Marquez l'emplacement des yeux du monstre ainsi que la colonne vertébrale et la cage thoracique du loup. Esquissez la gueule du Gratte-nuit et dessinez une des cornes cassée. Suggérez le bord de la falaise.

III

Ajoutez les griffes au Gratte-nuit, détaillez ses cornes, sa gueule et rendez l'expression de sa fureur : yeux froncés et naseaux dilatés. Dessinez les os saillants, détaillez la queue et les muscles. Suggérez l'expression effrayée du loup.

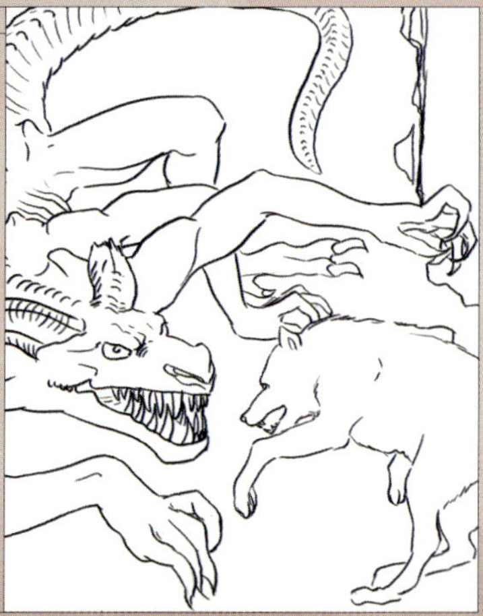

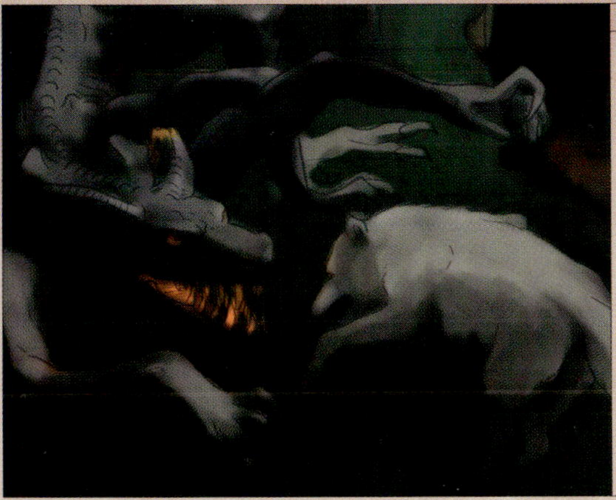

IV

À l'aide de brosses larges et de peinture fortement diluée, posez les tons du fond par couches successives, des plus clairs aux plus foncés. Pour les combattants, utilisez des gris légèrement colorés en mélangeant du noir dilué à du vert, de l'ocre, du rouge, etc. Laissez sécher.

V

Composition finale

Avec des brosses plus fines, apportez du volume aux corps. Utilisez des pinceaux très fins et de la peinture peu diluée pour détailler la peau, la finesse des cornes, les pointes acérées des dents. Peignez l'herbe dans les tons de brun-vert et ajoutez des touches de jaune-orangé aux éléments éclairés par le soleil. Pour finir, posez du brun et du rouge au niveau de la partie rocheuse de la falaise pour suggérer les stalactites et flèches de pierre.

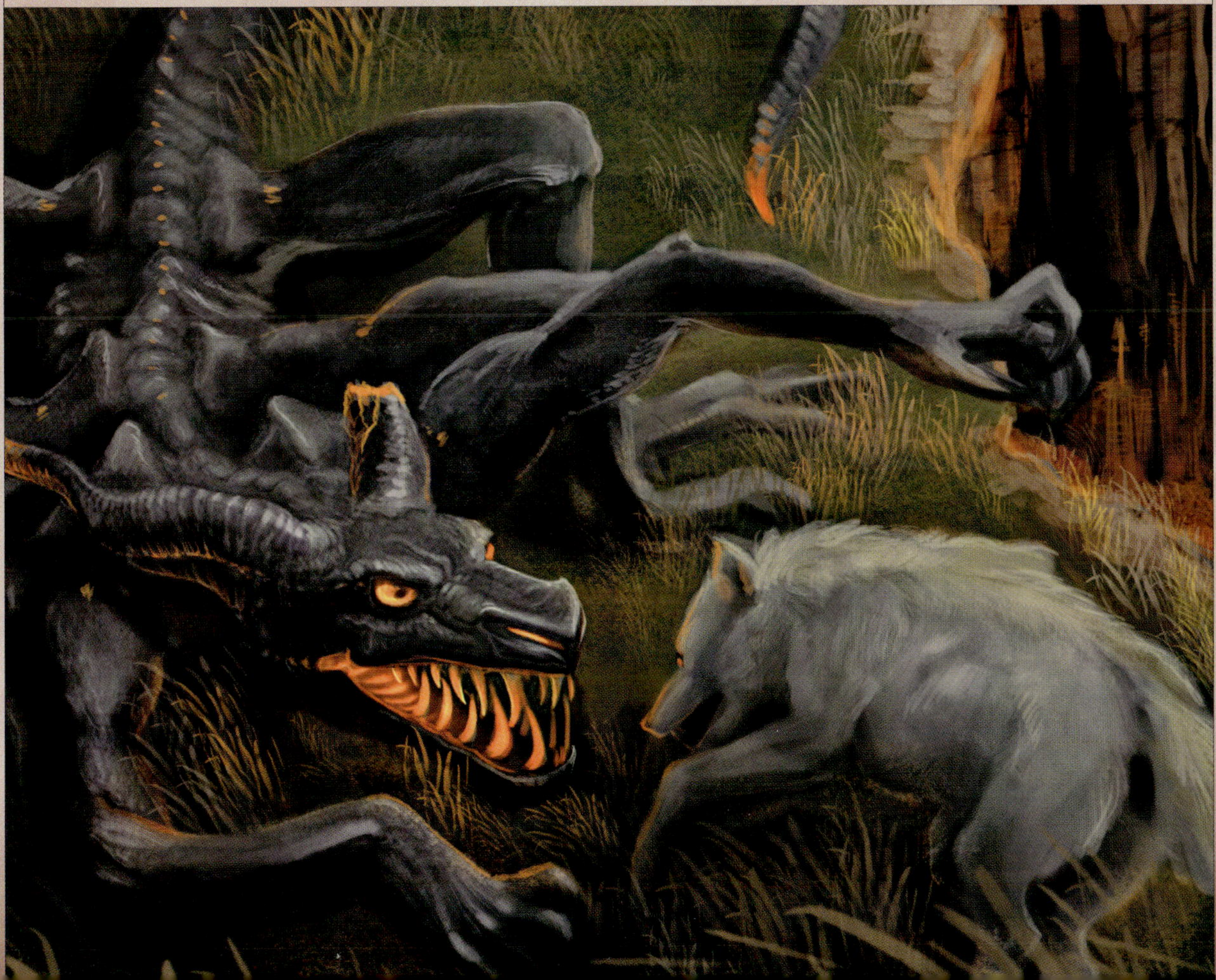

Vampire blessé

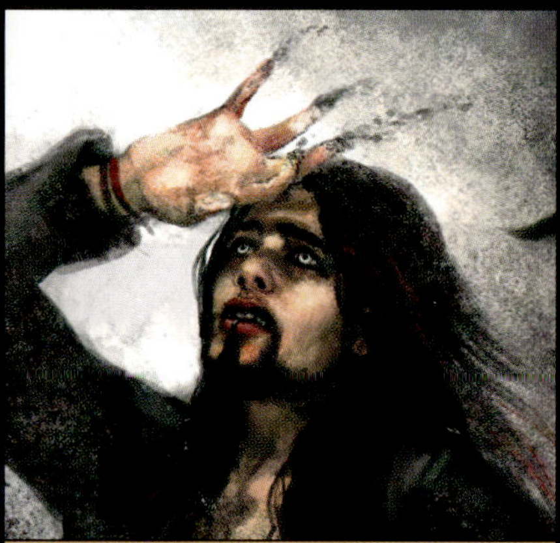

Ce goth imprudent s'est laissé surprendre par le lever du soleil, les doigts brûlés d'avoir voulu s'en protéger. La variété des techniques retranscrit l'ambiance matinale grise et froide. Le fusain apporte un rendu vaporeux, contrastant avec le côté cireux des crayons.

Matériel

- papier épais à grain (180 g ou 240 g)
- crayon HB
- gomme et gomme mie de pain

Crayons de couleur
- ocre • ocre jaune
- chair • rouge
- ocre rouge
- brun • vert
- bleu pâle
- crayon blanc sec (ou pastel sec blanc)

Fusains

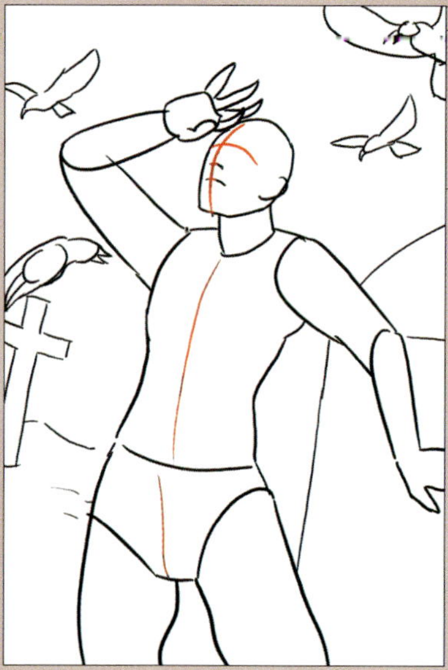

I

Esquissez la silhouette du personnage au crayon.

II

Dessinez de façon schématique les plis des vêtements suivant le mouvement du corps.

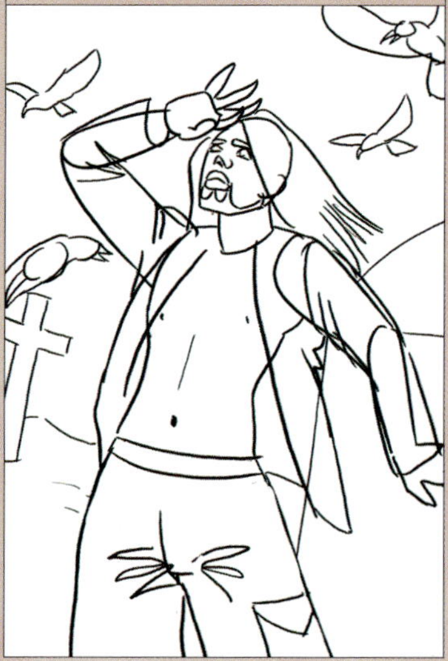

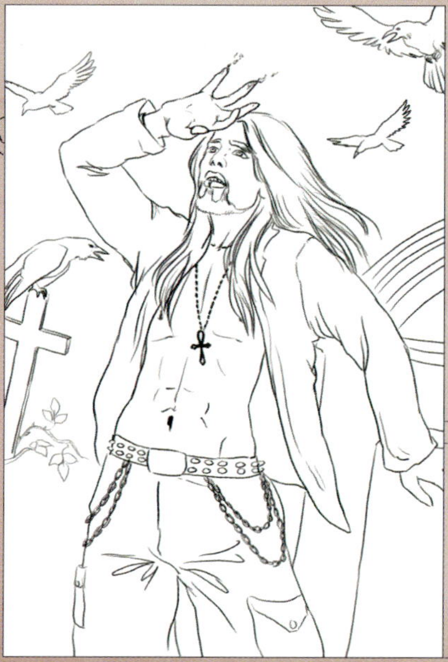

III

Détaillez le personnage en dessinant finement le visage.

IV

Travaillez les parties les plus sombres au fusain et donnez une texture granuleuse au fond. Commencez à colorier la peau avec des crayons chair, ocre jaune et rouge en procédant par fines hachures rapprochées. Placez les lumières sur la main au crayon blanc.

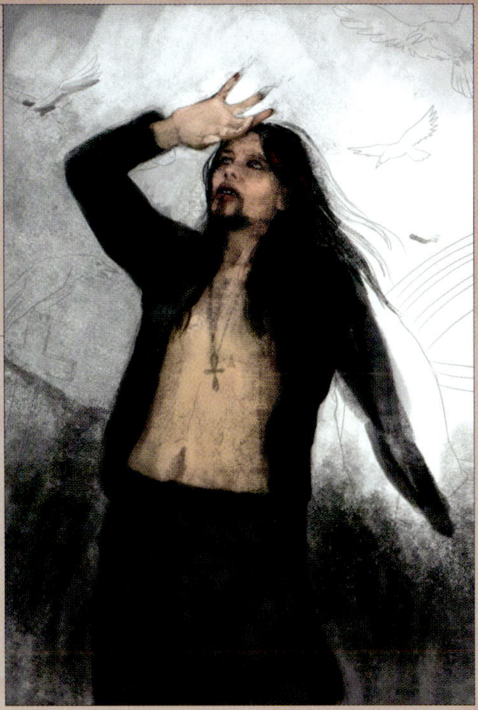

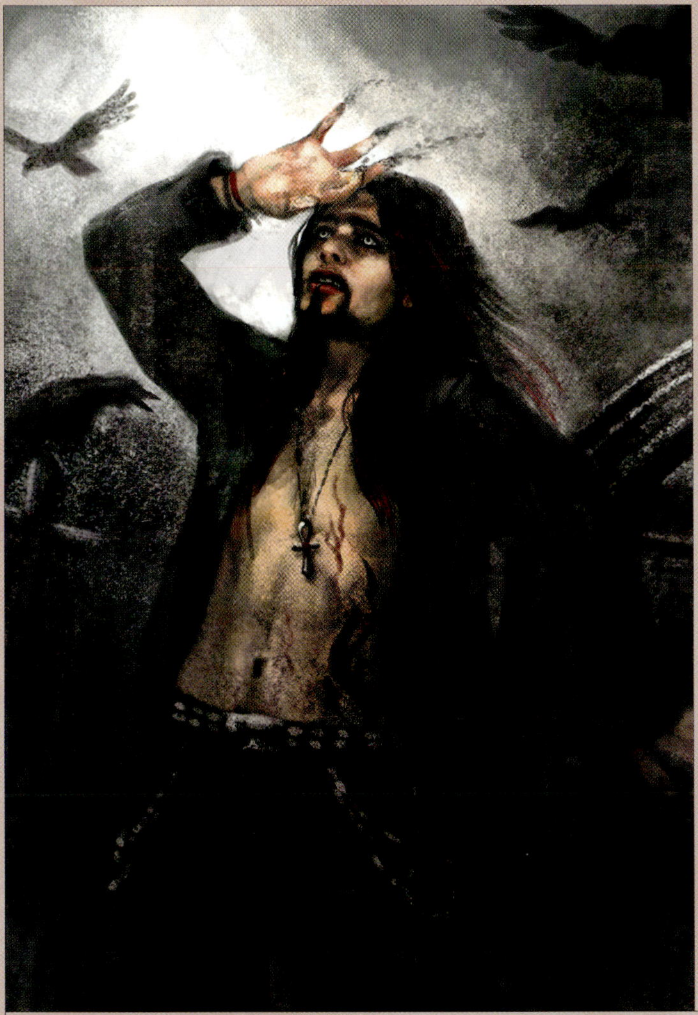

V

Composition finale

Affinez les teintes de la peau avec du marron, de l'ocre rouge, ainsi qu'un peu de bleu pâle et de blanc. Ajoutez du jaune et du vert. Renforcez les ombres, travaillez les volumes. À l'aide du crayon blanc, rehaussez les contours du tombeau et les plis des vêtements, puis posez les éclats de lumière sur la ceinture, les chaînes et le collier. Dessinez les rayons de lumière. Foncez les bords de l'image au fusain afin de faire ressortir le personnage.

Victime à l'aube

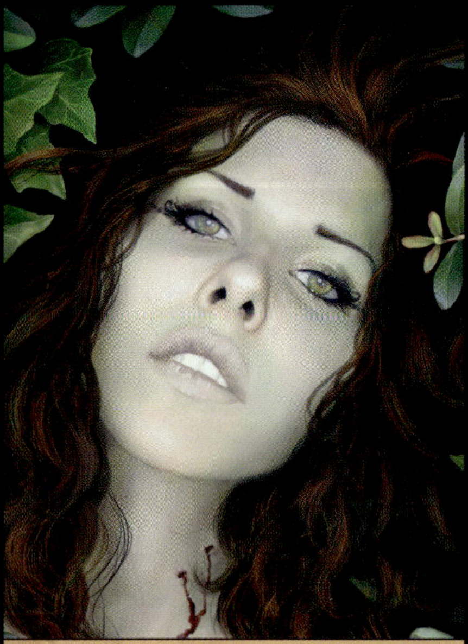

Piégée par un vampire, cette jeune fille a succombé à son mortel baiser. Elle sera retrouvée gisant parmi du millepertuis au milieu d'un parc. L'acrylique rend avec précision les nuances des feuillages et les passages successifs de couleur retranscrivent l'aspect diaphane de la peau froide.

Matériel

- papier épais (240 g)
- crayon HB

Acrylique

- ocre • ocre jaune
- rouge
- brun
- vert émeraude
- bleu de cobalt
- noir
- blanc

I

Esquissez rapidement au crayon la forme d'ensemble du personnage afin de définir la composition de l'image.

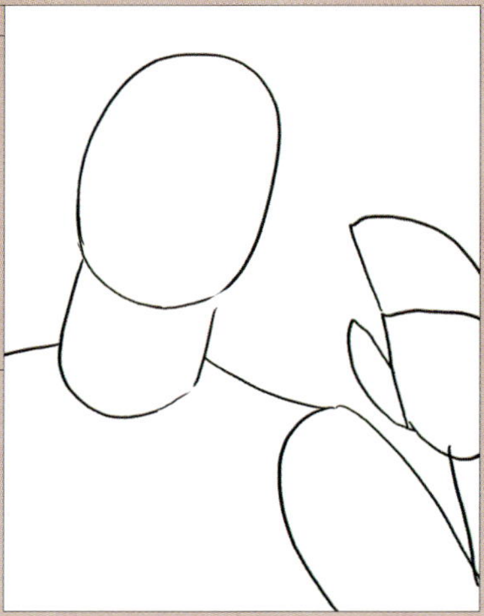

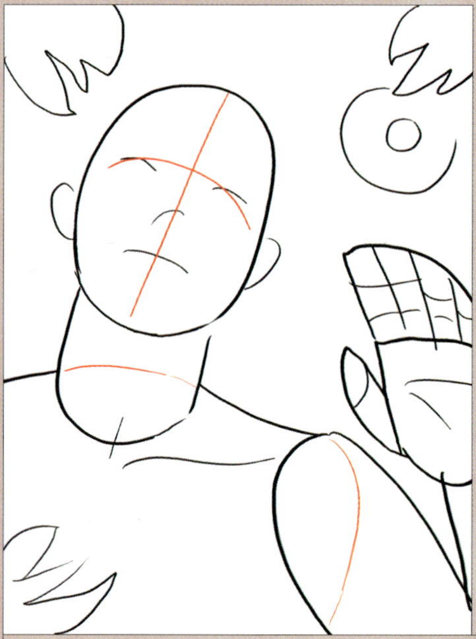

II

Ajoutez les lignes de force (ici en rouge), puis placez les yeux, le nez et la bouche. Esquissez les éléments de décor de façon schématique. Définissez les articulations de la main.

III

Affinez les contours du corps, indiquez les clavicules et les muscles du cou. Séparez les doigts. Précisez le contour des yeux et de la bouche. Indiquez le mouvement de la chevelure.

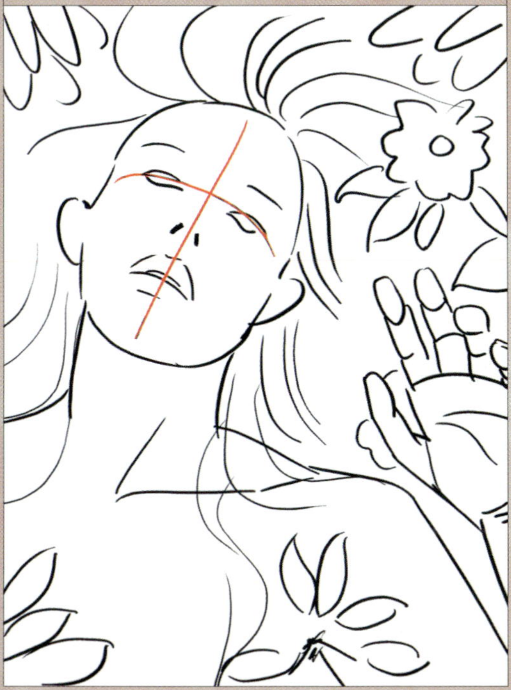

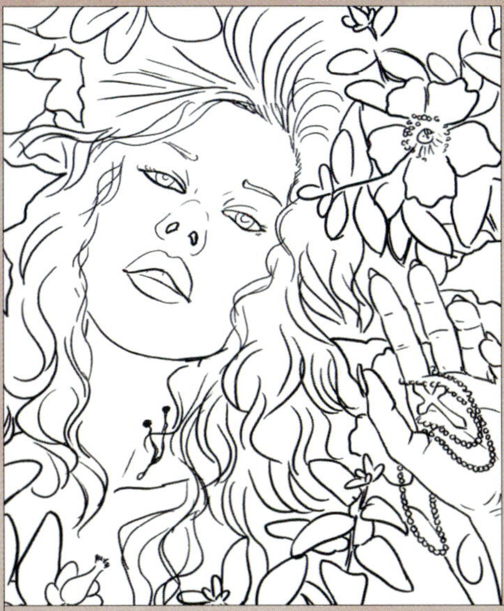

IV

Détaillez le visage. Affinez le contour des doigts. Accentuez la chevelure : quelques mèches autour des joues renforceront le réalisme. Dessinez les fleurs, la morsure dans le cou et le crucifix dans la main de la victime pour souligner son impuissance face au vampire.

V

À l'aide de brosses, appliquez les premiers fonds colorés à la peinture très diluée en commençant par les tons clairs. Procédez par passages successifs pour obtenir le beige pâle légèrement doré qui servira de base à la peau. Utilisez des tons gris pour la chevelure et renforcez le haut de brun-rouge.

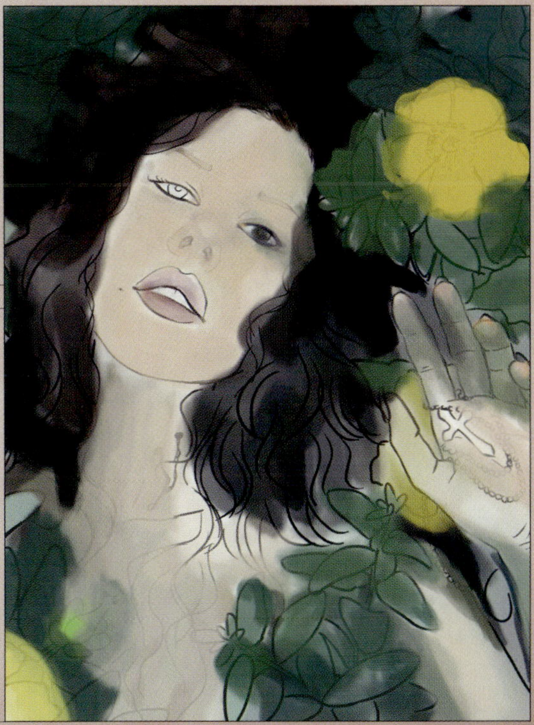

VI

Montez les valeurs du fond par couches successives assez opaques. Avec des tons légers mêlés de vert, de bleu pâle et de gris, refroidissez la teinte de la peau pour la rendre cireuse et diaphane. Travaillez par passages successifs de couleur pour obtenir un rendu lisse et lumineux. Posez du brun-vert sur les iris des yeux.

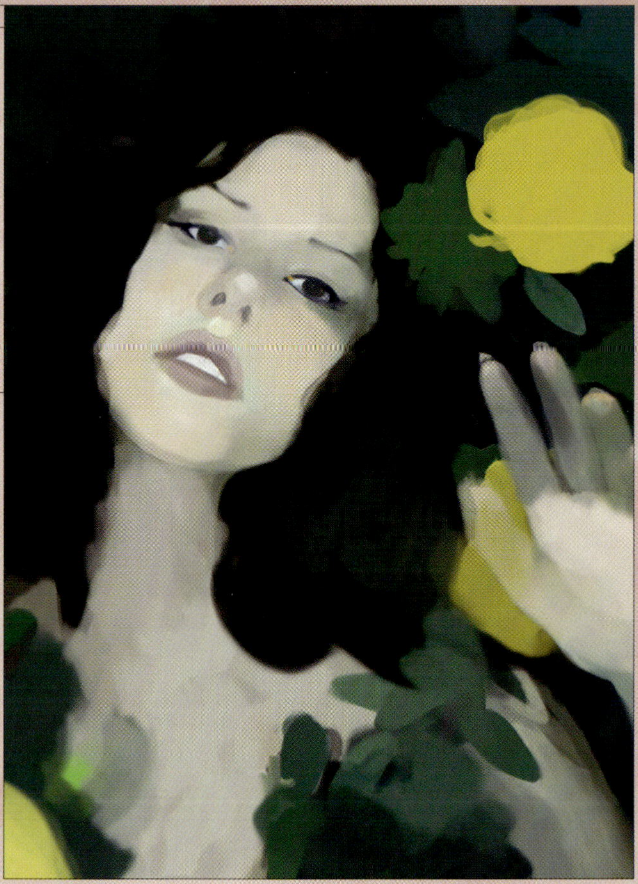

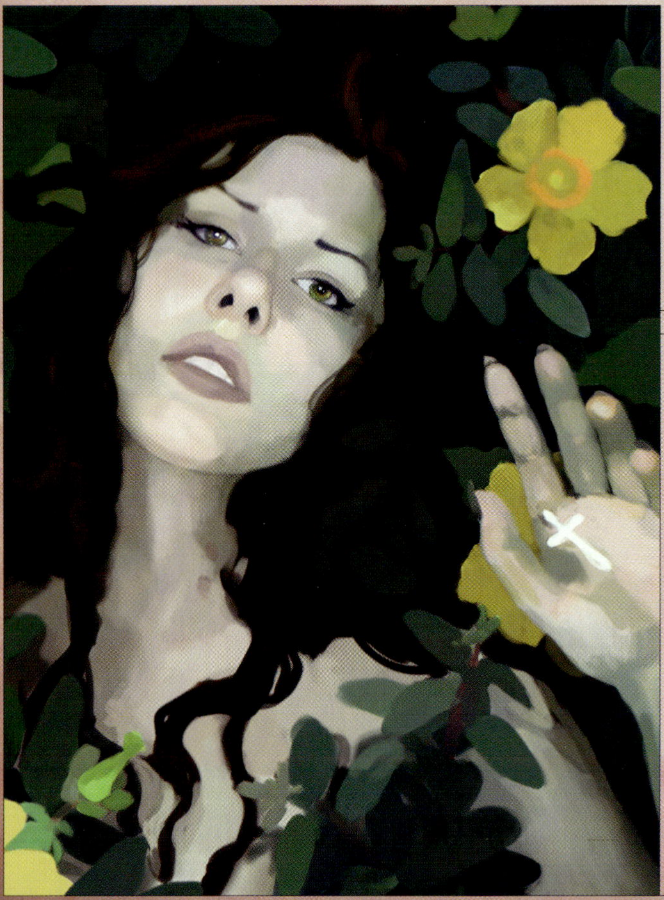

VII

Définissez la forme des mèches de cheveux, puis détaillez-les avec un pinceau trois poils. Variez les couleurs : le rendu de la chevelure n'en sera que plus réaliste. Ébauchez la morsure avec un rouge atténué, additionné de vert et de noir. Détaillez les yeux avec du jaune-vert. Une goutte de blanc quasiment pur ou de bleu pâle au centre en renforcera la brillance. Continuez à monter les valeurs au niveau de la peau et du feuillage.

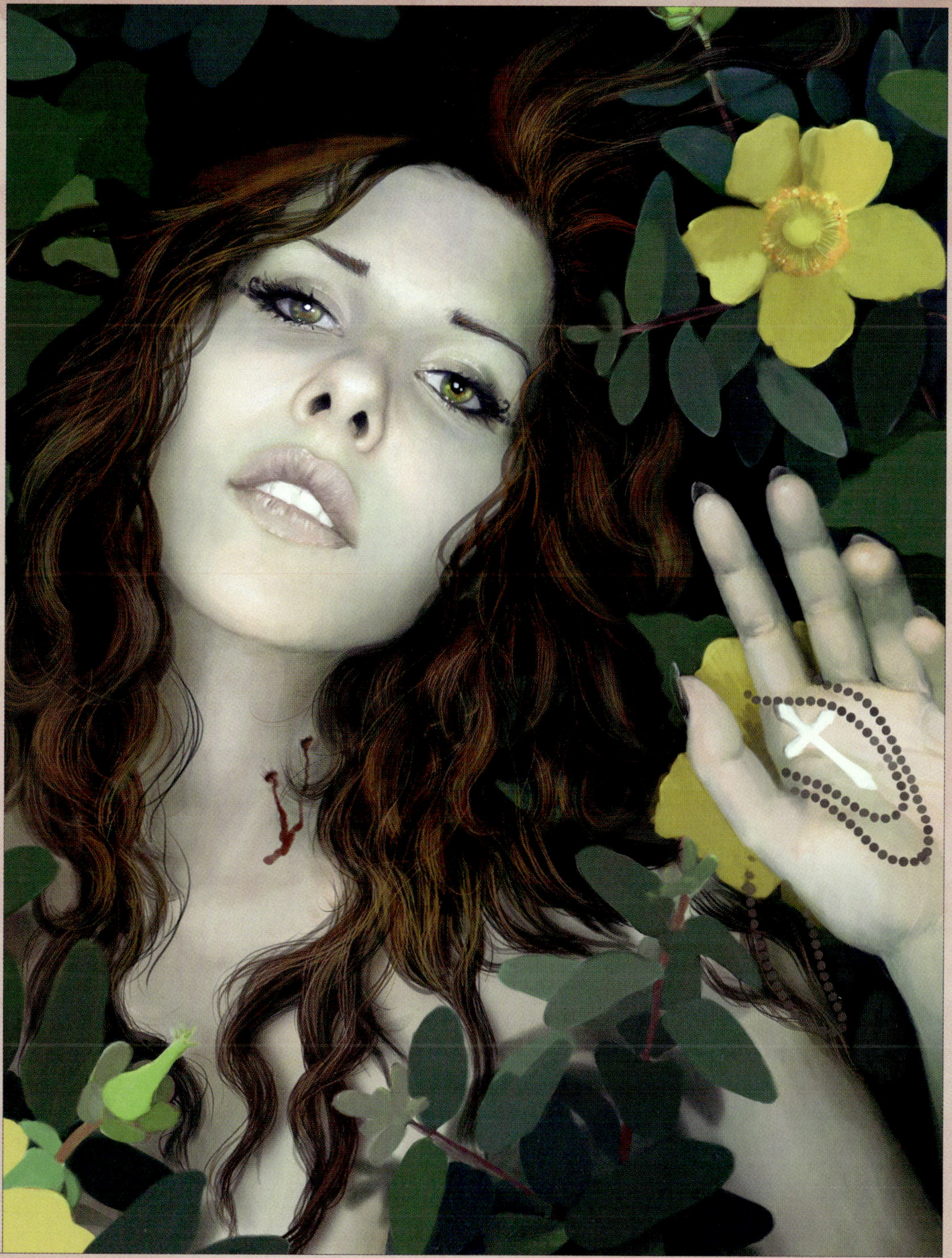

VIII

Composition finale

À l'aide de couleurs plus opaques et de pinceaux fins, travaillez les derniers détails : nervures des feuilles, pétales, brillance du crucifix, des perles et du sang coagulé dans le cou, boursouflure de la morsure, gouttes d'eau sur le feuillage… Utilisez un glacis de gris très pâle pour ternir les yeux et atténuer leur aspect vivant. Procédez de même pour atténuer la couleur des lèvres.

Vénitienne fatale

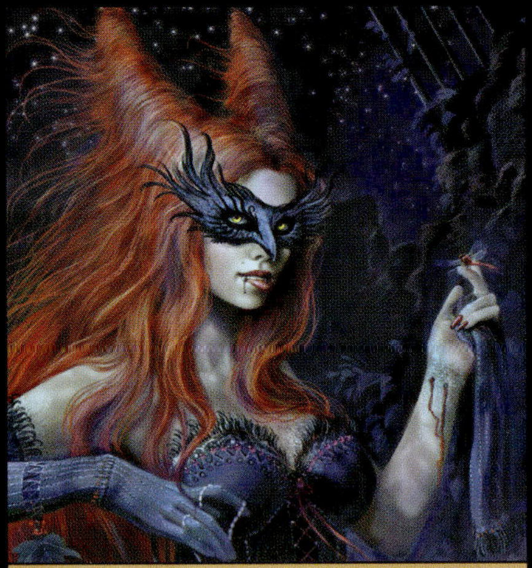

Cette femme vampire se déguise la nuit pour hanter les bals vénitiens. Subjugué par sa beauté, le pauvre cavalier qui lui offrira une danse finira mordu et transformé en vampire… L'utilisation de l'acrylique permet le rendu des détails de l'abondante chevelure et de la densité de la nuit.

Matériel

- papier épais (240 g)
- crayon HB

Acrylique

- jaune
- rouge
- vert émeraude
- bleu de cobalt
- bleu outremer
- violet
- noir
- blanc

I

À l'aide du crayon, ébauchez la forme générale du corps avec la cambrure du dos et le déhanché. Indiquez les repères du visage et les volumes masqués (ici en rouge).

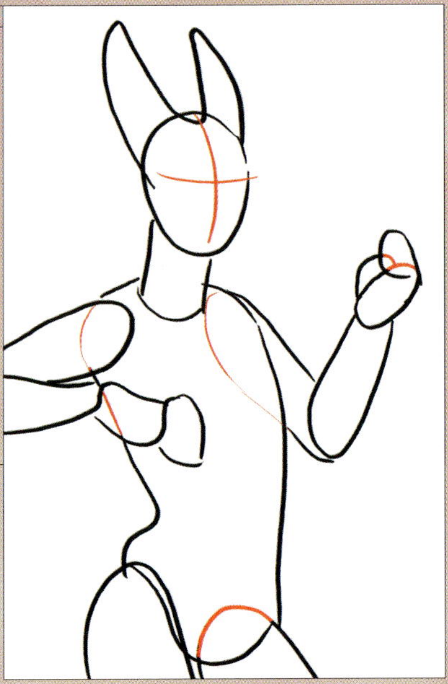

II

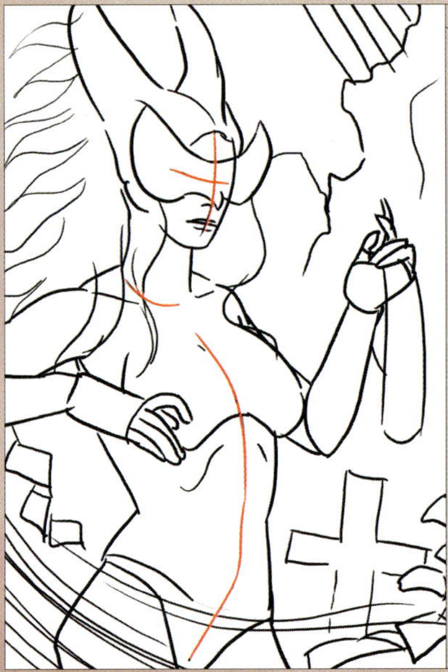

Précisez le contour de la silhouette et tracez les lignes de force afin de bien faire ressortir le volume du corps. Son axe de symétrie doit être dynamique et incurvé pour retranscrire la cambrure. Esquissez la chevelure et le masque. Placez des éléments du décor.

III

Ajoutez les broderies, les pierreries et les matières aux vêtements.

Donnez le mouvement aux cheveux pour accentuer le dynamisme de la pose. Ajoutez la morsure au poignet et la libellule posée sur le doigt. Affinez le contour des feuillages. Tracez les pierres des décombres.

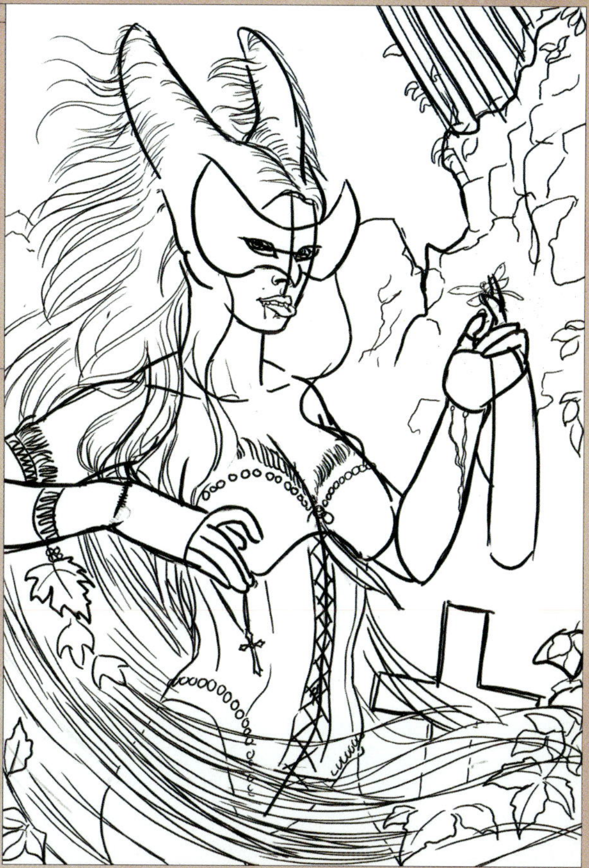

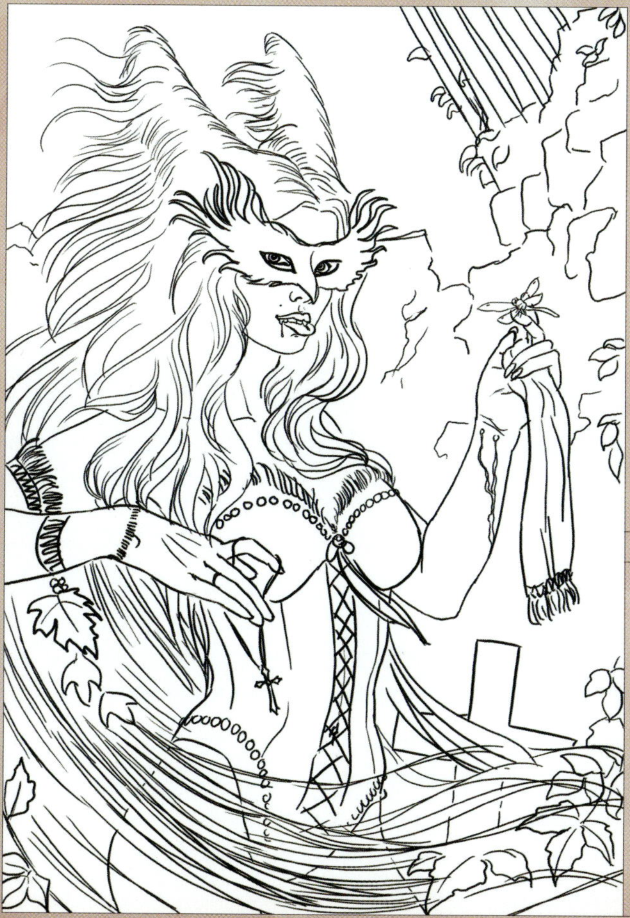

IV

Continuez à affiner le trait et à travailler les détails. Effacez les lignes inutiles. Accentuez la légèreté du masque en déstructurant ses bords pour leur donner un aspect emplumé. Précisez le gant tenu en main et les éléments du décor.

V

À l'aide de brosses larges et de peinture fortement diluée afin de préserver la luminosité du papier, posez les premiers tons des plus clairs aux plus foncés. Variez les teintes de la peau avec des touches de vert, de bleu, de mauve, d'orangé, de violacé… Cette diversité rendra l'image beaucoup plus réaliste.

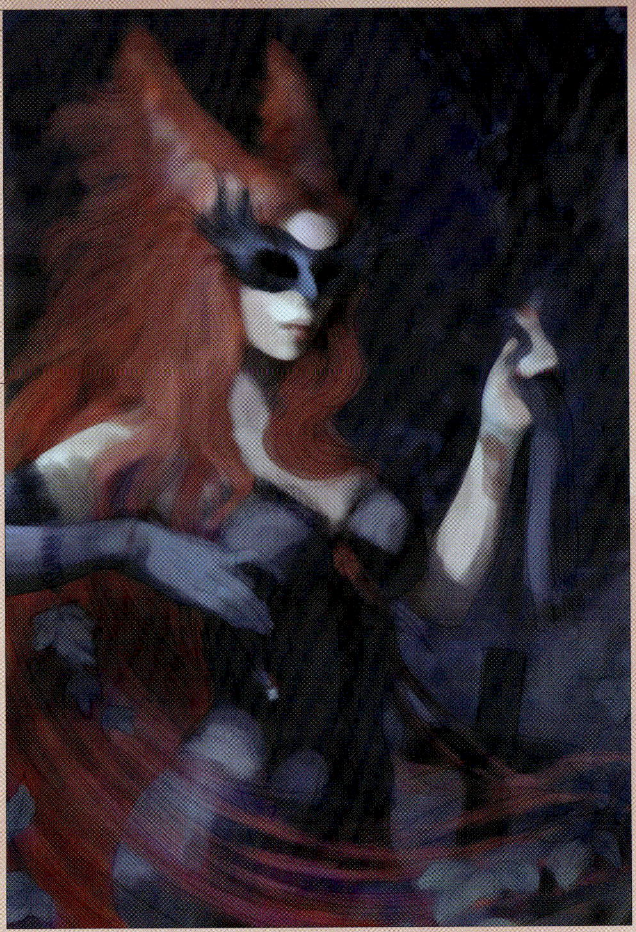

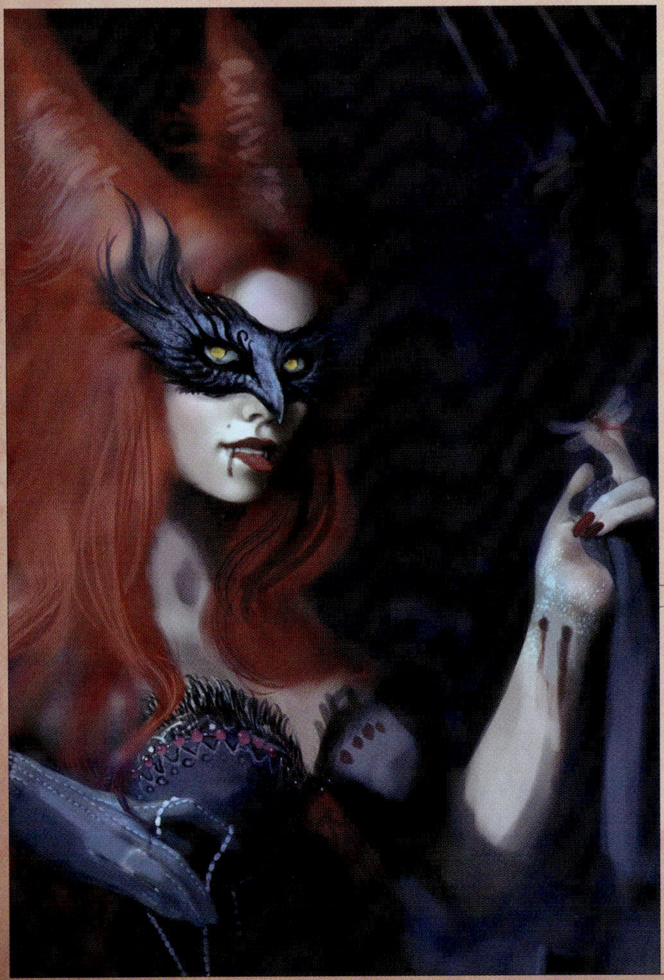

VI

Appliquez la couleur par couches successives de façon à créer des dégradés lisses entre les zones d'ombre et de lumière. Avec des pinceaux plus fins, détaillez l'image en ajoutant des touches de couleur plus concentrée. Posez des gouttes de bleu pâle pour les paillettes au poignet ainsi que les reflets des pierreries et de la chaîne.

VII Composition finale

Continuez à travailler les détails. Utilisez des pinceaux trois poils pour donner la finesse de la chevelure. Superposez des couches de bleu nuit et de vert sombre dilués pour donner de l'intensité aux ombres, puis de bleu pâle et de rouge pour faire ressortir la peau et la chevelure. Peignez les étoiles à l'aide d'un pinceau fin et de peinture blanche épaisse. Laissez sécher puis passez du blanc dilué par-dessus pour créer un halo.

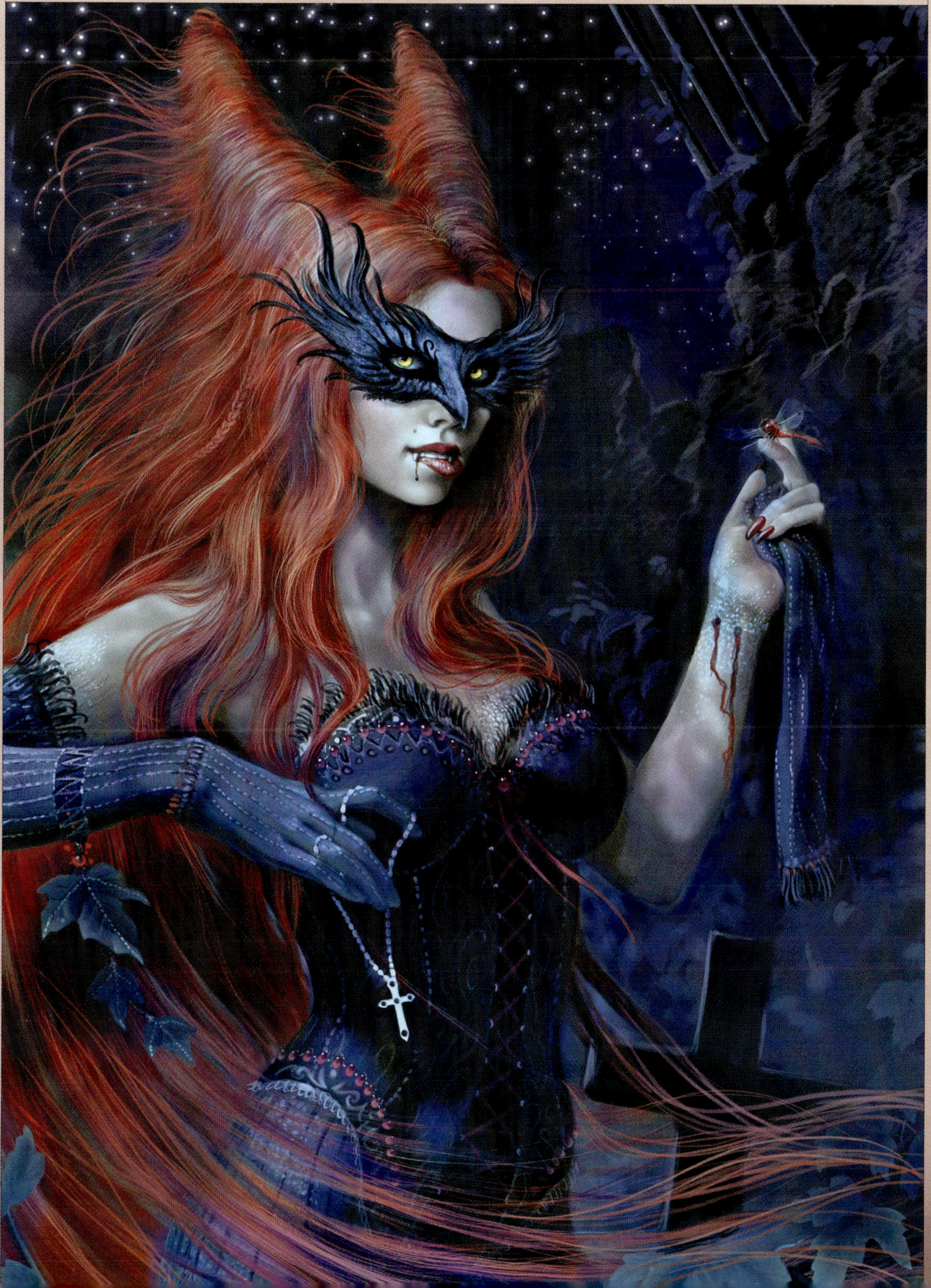

Seigneur du château

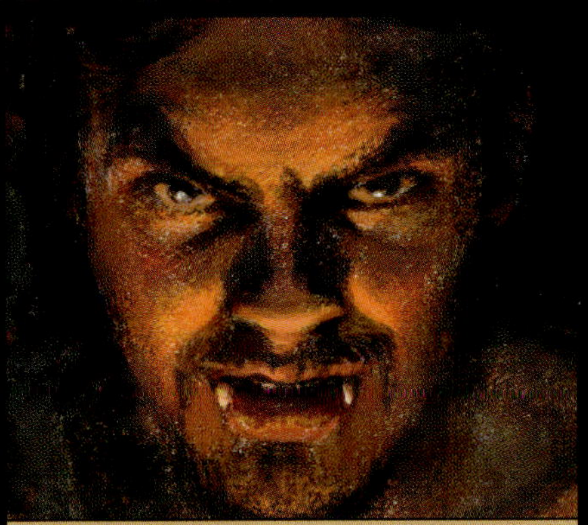

Le seigneur du château a capturé une jeune innocente en l'envoûtant de son regard. Charmée, elle s'est laissée conduire dans la belle demeure où elle a perdu la vie. Elle se réveillera, transformée en vampire. La technique mixte du fusain et du crayon de couleur soulignera l'intensité des ombres et lumières ainsi que le grain de la peau.

Matériel

- papier épais à grain (180 g ou 240 g)
- crayon HB
- gomme et gomme mie de pain
- essence de térébenthine

Crayons de couleur

- jaune
- ocre jaune
- orange
- rouge
- brun
- vert
- bleu foncé
- gris
- noir
- blanc

Pastels gras

- blanc
- jaune
- orange
- rouge

I

Esquissez les corps au crayon avec des volumes simples en indiquant les parties masquées (ici en rouge).

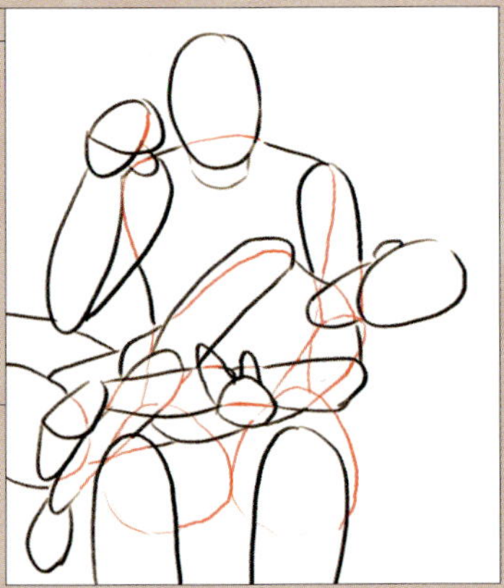

II

Affinez l'esquisse en gommant les parties masquées et en traçant les lignes de force qui permettront de placer les yeux, les nez et les bouches. Suggérez les doigts et le haut du fauteuil.

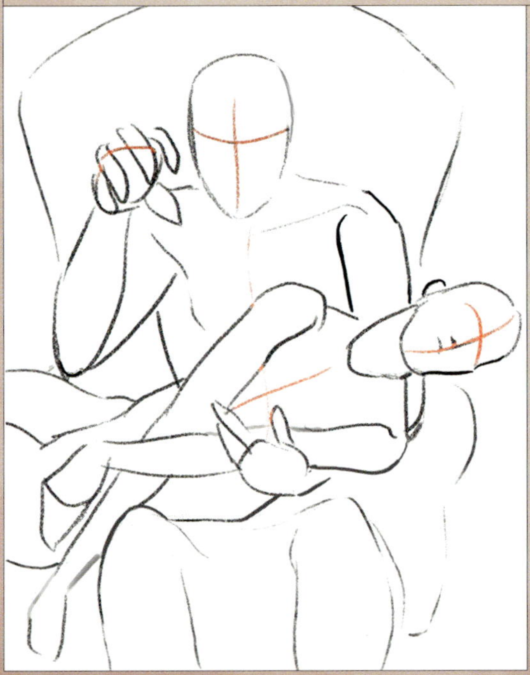

III

Continuez à affiner le tracé des corps. Suggérez le drapé sur les genoux du vampire. Esquissez sa chevelure, placez les yeux, le nez et la bouche. Indiquez les muscles et les os saillants.

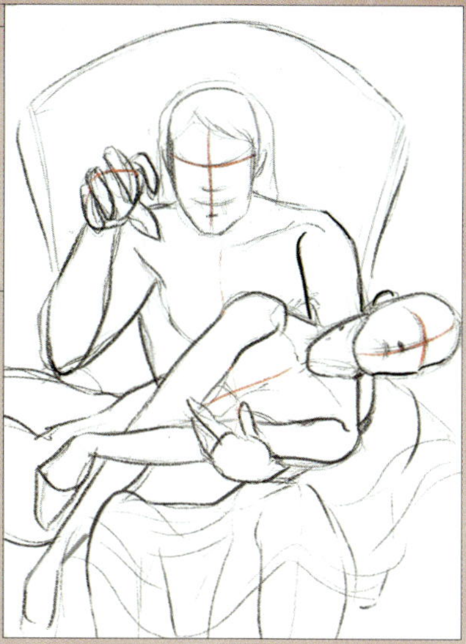

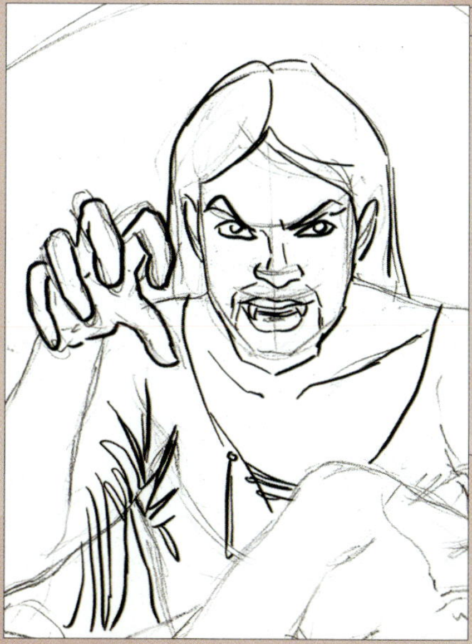

IV

Gommez les tracés inutiles. Accentuez l'expression machiavélique du vampire, détaillez ses doigts crochus, ajoutez les vêtements.

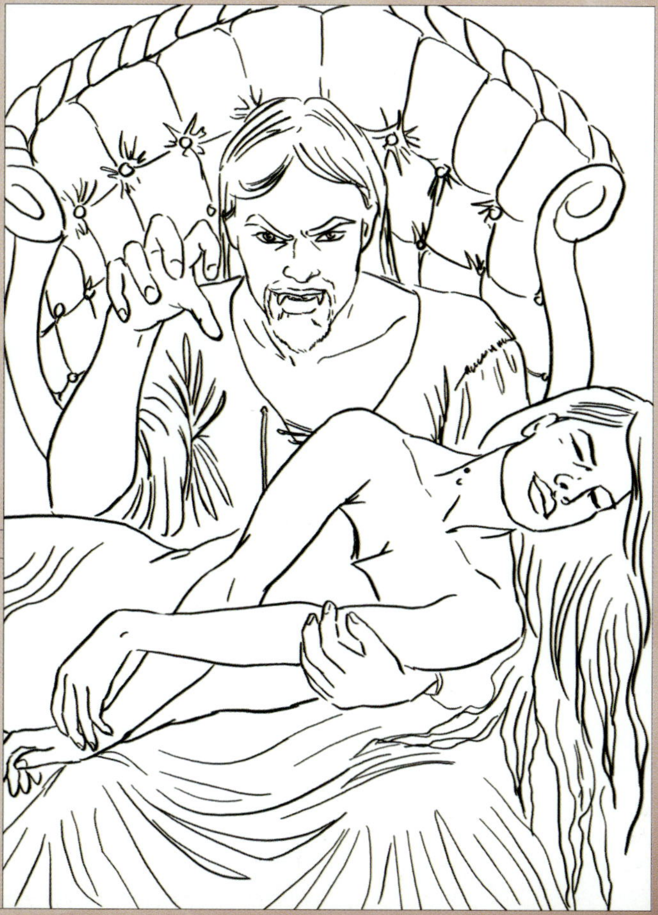

V

Dessinez les capitons du fauteuil. Détaillez les plis du vêtement, les cheveux, les ongles et la morsure. Ces repères seront utiles par la suite. Si le trait est trop foncé, gommez-le afin qu'il ne se voit pas dans l'illustration finale.

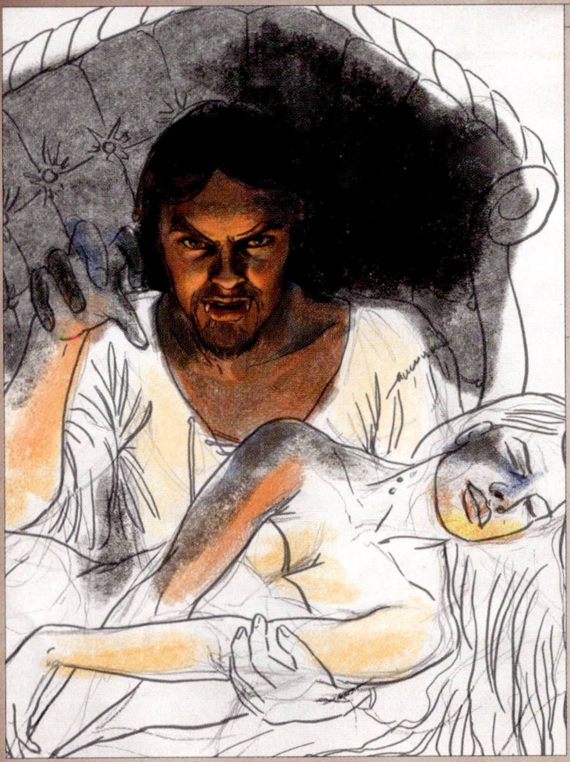

VI

Passez à la couleur avec des teintes très variées, en procédant par fines hachures qui se touchent pour un rendu lisse. Utilisez des tons chauds pour les lumières (ocre, rouge, jaune et orange) et privilégiez les tons froids pour les ombres (vert, brun et bleu foncé) en évitant le noir pur.

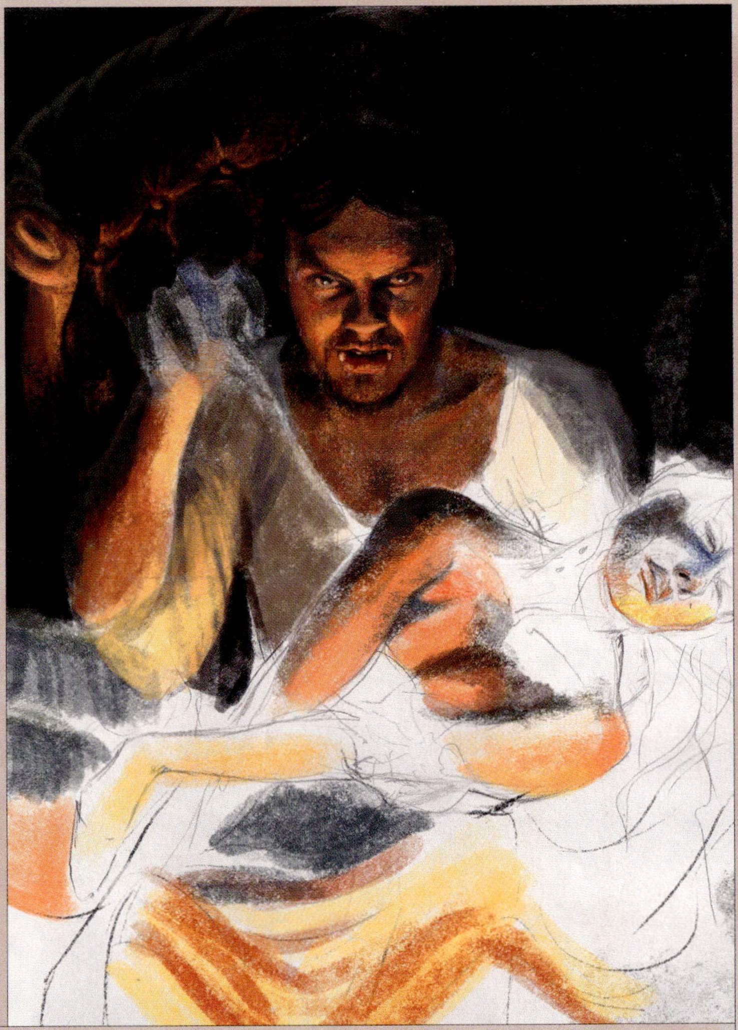

VII

Atténuez le tracé du dessin et continuez la mise en couleur en respectant la direction de la source lumineuse. Renforcez l'expression maléfique du vampire en rehaussant ses yeux au crayon blanc (ou avec une touche de peinture blanche). Pour les zones plus larges, employez des pastels gras que vous pouvez légèrement diluer dans de l'essence de térébenthine.

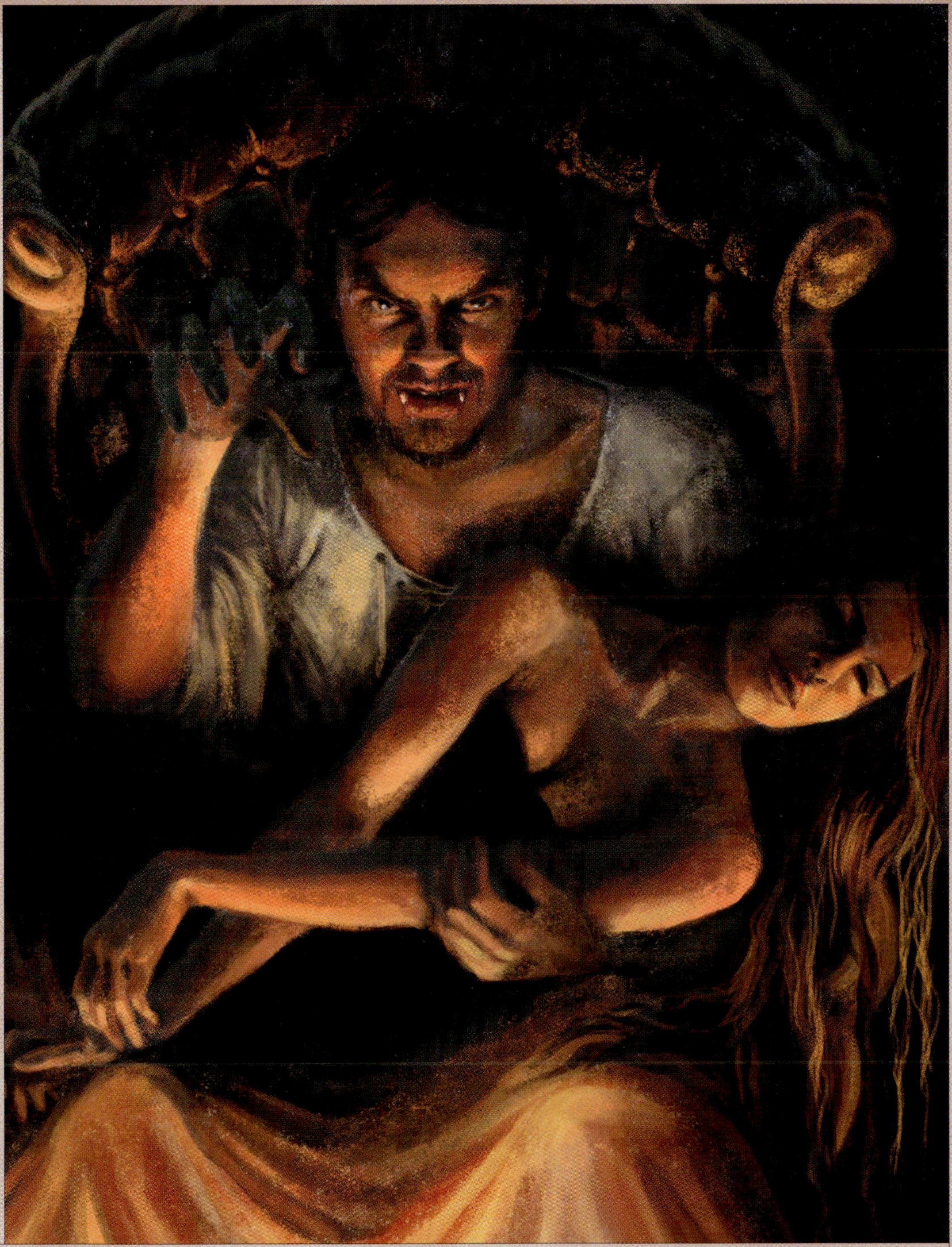

VIII

Composition finale

Continuez en montant les valeurs, des tons clairs aux plus foncés. Ajoutez quelques lumières au pastel dans les parties sombres (dos du fauteuil, chemise du vampire). Mettez une goutte d'essence de térébenthine sur un chiffon propre et estompez légèrement le pastel au niveau du drapé en travaillant dans le sens des plis. Cela donnera un aspect plus uniforme au tissu.

Chimère

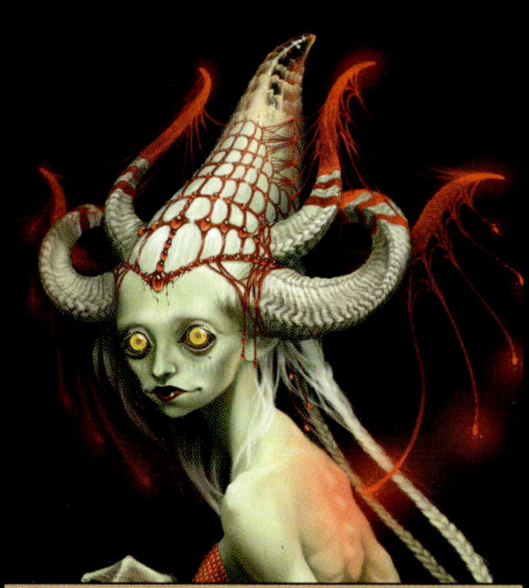

La chimère peut prendre plusieurs aspects : parée de plumes, de griffes, de dents pointues, le visage fin ou carré... Coquette, elle se veut belle pour séduire le passant qui n'en restera pas moins horrifié par son apparence. L'acrylique permettra de rendre des nuances subtiles et l'opalescence de la peau.

Matériel

- papier épais (240 g)
- crayon **HB**

Acrylique

- jaune
- orange
- rouge vif
- rouge foncé
- vert
- bleu de cobalt
- noir
- blanc de titane

I

Esquissez le personnage au corps très mince et cambré. Placez le repère des cornes. Les volumes cachés sont indiqués ici en rouge.

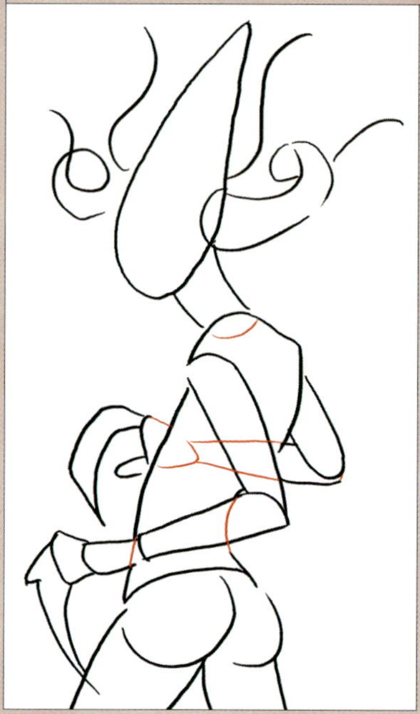

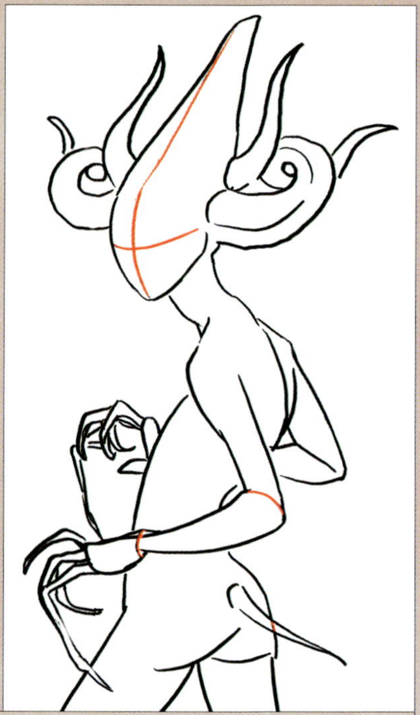

II

Affinez le contour de la silhouette et des cornes. Indiquez les lignes de force (ici en rouge). Esquissez les longs doigts crochus, placez la queue. Affinez la cambrure et la pose gracile du cou.

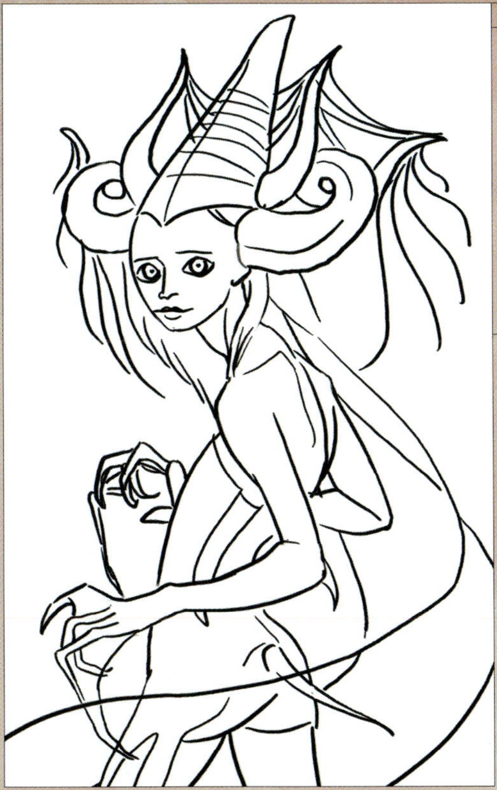

III

Esquissez le vêtement. Commencez à détailler l'ornement de la tête et des cornes. Dessinez les grands yeux, le nez et la bouche. Marquez le contour des omoplates et les articulations. Indiquez le mouvement de la chevelure.

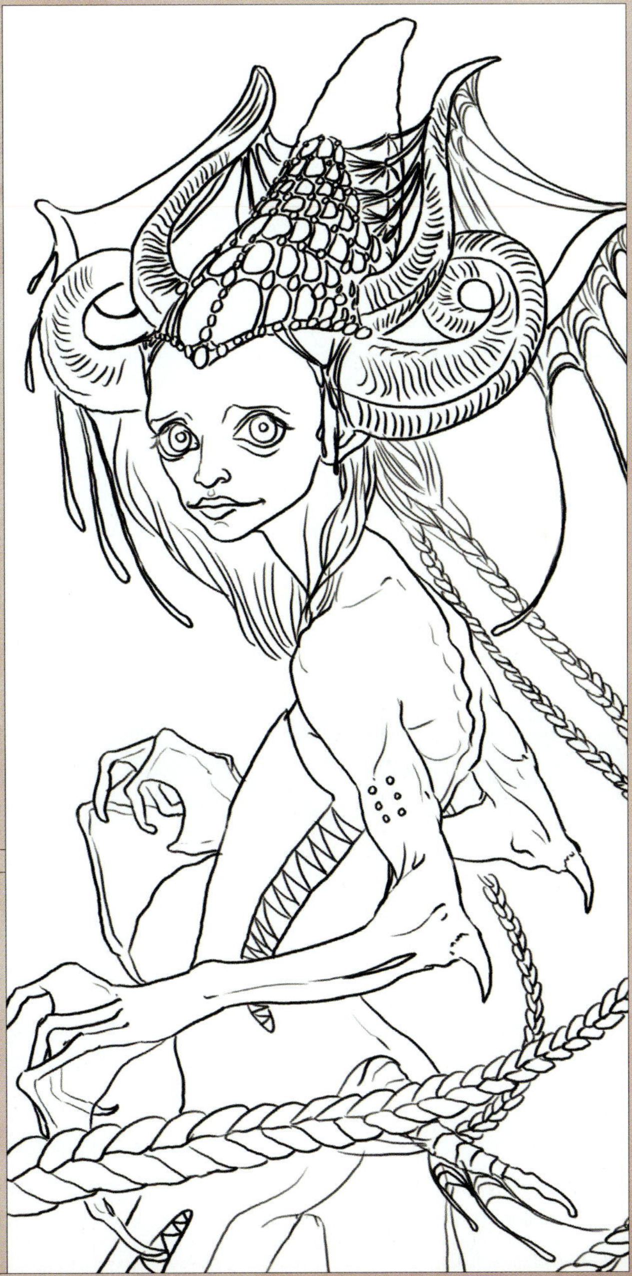

IV

Affinez le détail des muscles, des mains palmées et de la colonne vertébrale saillante. Dessinez les cornes et les ornements de la tête. Marquez le laçage des vêtements et les sillons des vertèbres sur la queue. Détaillez les tresses. Accentuez les ergots des coudes.

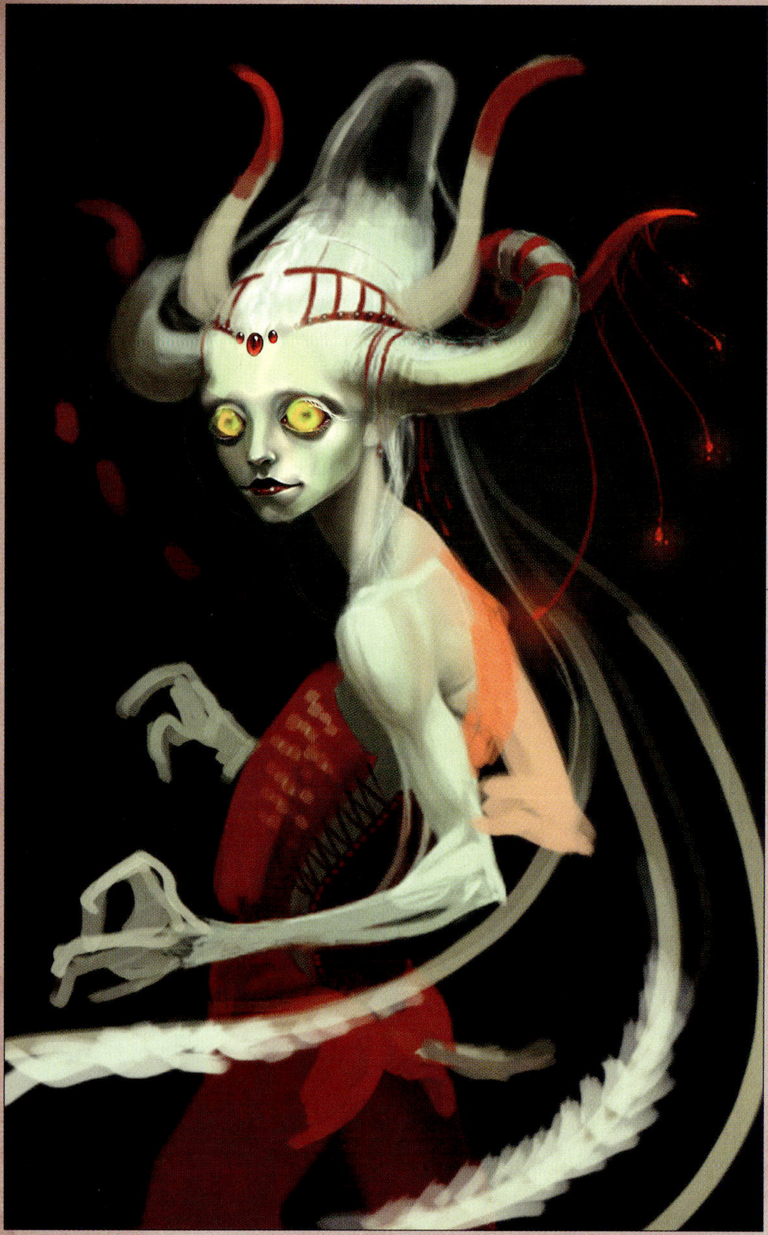

V

Commencez la mise en couleur en réservant les blancs et en noircissant le fond. Laissez sécher. Sur les parties blanches, alternez des couches de teintes diluées (blanc, vert, jaune, orangé, bleu et rose) pour rendre la luminescence de la peau. Montez les valeurs pour faire apparaître les ombres et le volume. Posez des gouttes de blanc additionné d'un peu de jaune sur les parties brillantes des lèvres et des joyaux.

VI

Composition finale

Travaillez les pierreries avec minutie en commençant par une forme ovale rouge sombre, puis posez un rouge plus vif dans la partie basse de la perle. Finissez par une goutte de blanc pur sur le haut. Détaillez les cheveux au pinceau fin et ajoutez-en au pinceau trois poils. Travaillez les lumières rouges avec du rose orangé et du rouge orangé dilués. Détaillez les yeux, dessinez les sillons de la peau et des membranes à l'aide de pinceaux très fins trempés dans de la couleur peu diluée.

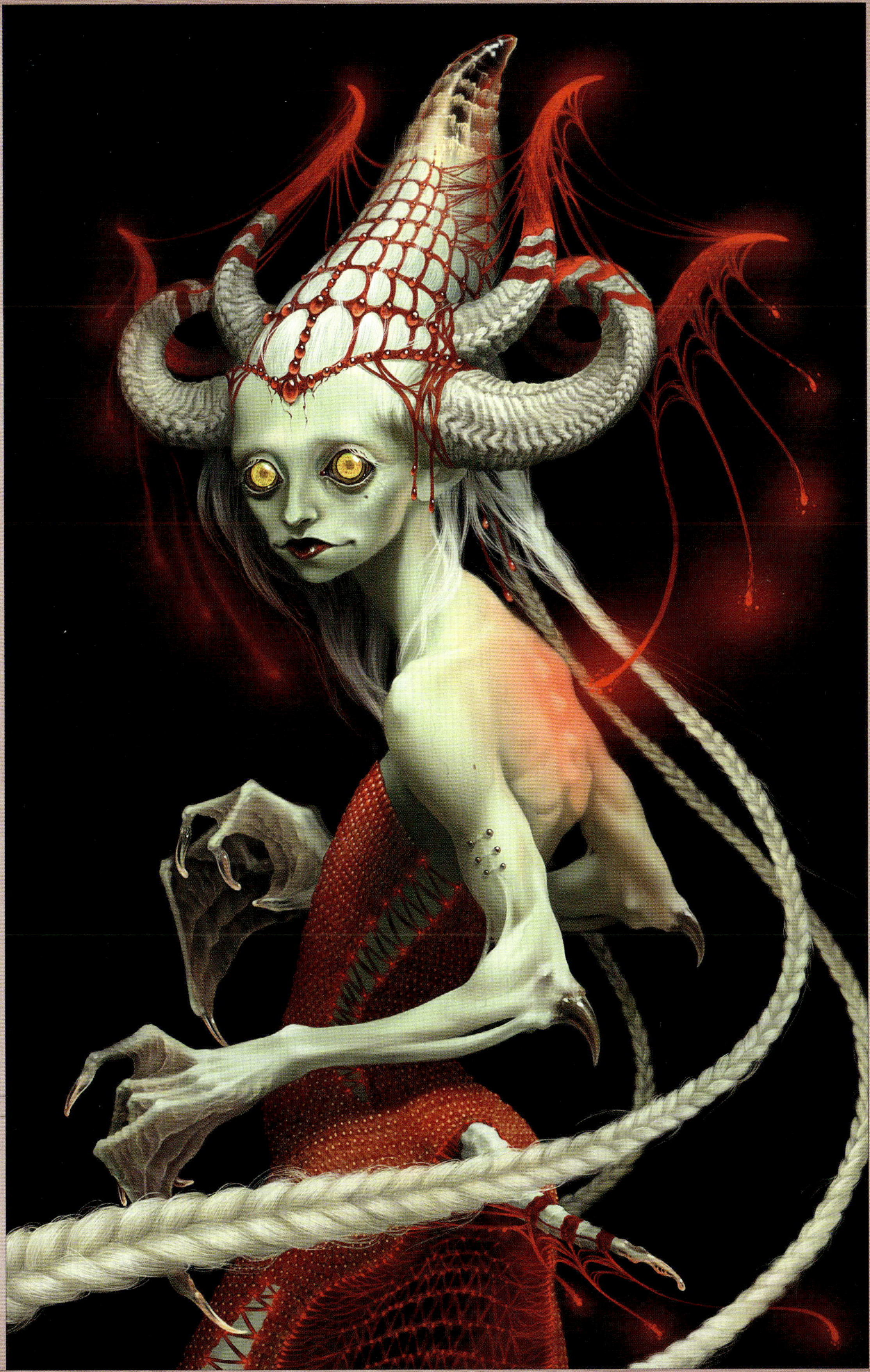

Femme au serpent

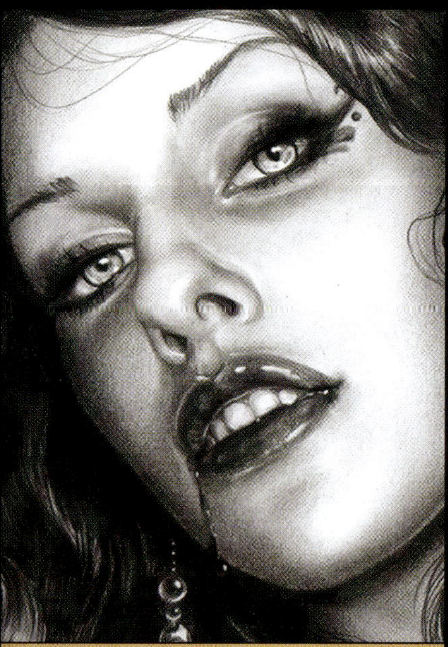

PRENEZ GARDE À LA BELLE QUI ERRE DANS LES RUINES DE L'ÉGYPTE ANTIQUE À LA NUIT TOMBÉE… EN CHANTANT D'ÉTRANGES MÉLOPÉES, ELLE ATTIRE SES VICTIMES AU RYTHME DES ONDULATIONS DE SON COBRA. LE CRAYON MET EN VALEUR LA FINESSE DES DÉTAILS DE LA CHEVELURE ET L'EXPRESSION ENVOÛTANTE DE LA JEUNE FEMME.

MATÉRIEL

- CRAYONS H, HB, 2B, 5B
- GOMME MIE DE PAIN

I

Avec le crayon H, esquissez rapidement les contours du visage et la direction du cou. Ébauchez le mouvement du serpent et de la chevelure. Indiquez les lignes de force du visage (ici en rouge) pour placer les yeux, le nez et la bouche.

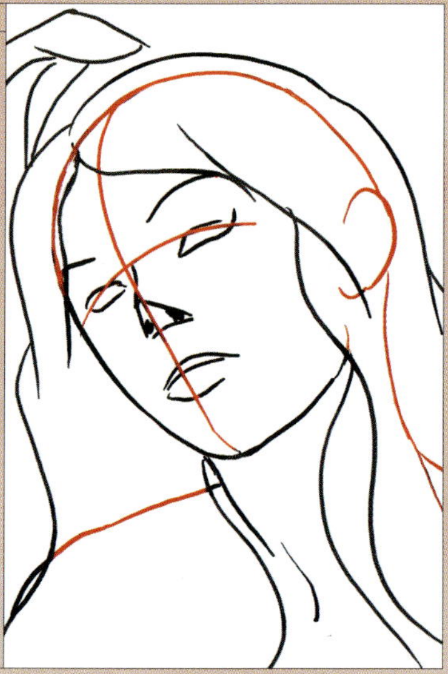

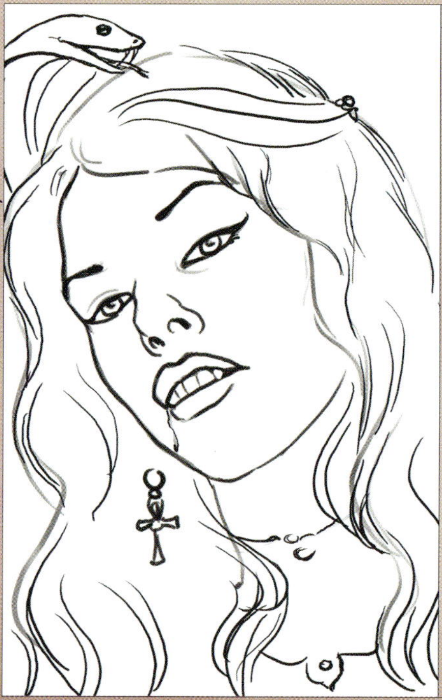

II

Gommez les lignes de force pour accentuer les détails du visage. Dessinez la bouche entrouverte et le filet de sang qui s'en écoule. Précisez les yeux en plaçant correctement les iris et les pupilles afin que le regard soit perçant. Détaillez le serpent et la chevelure. Esquissez les bijoux.

III

Commencez à ombrer légèrement le dessin à l'aide du crayon HB. Procédez par fines hachures parallèles qui se touchent. Montez les valeurs au fur et à mesure pour accentuer les parties ombrées. Placez une feuille de papier sous votre main afin de protéger le dessin des salissures du crayon.

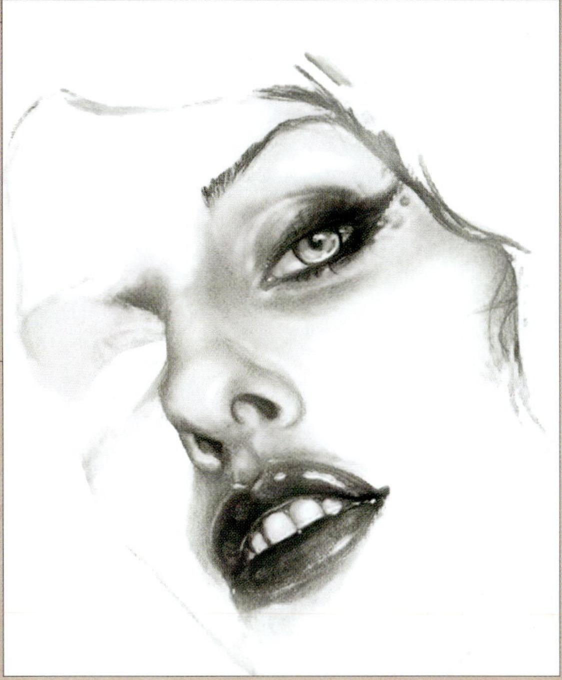

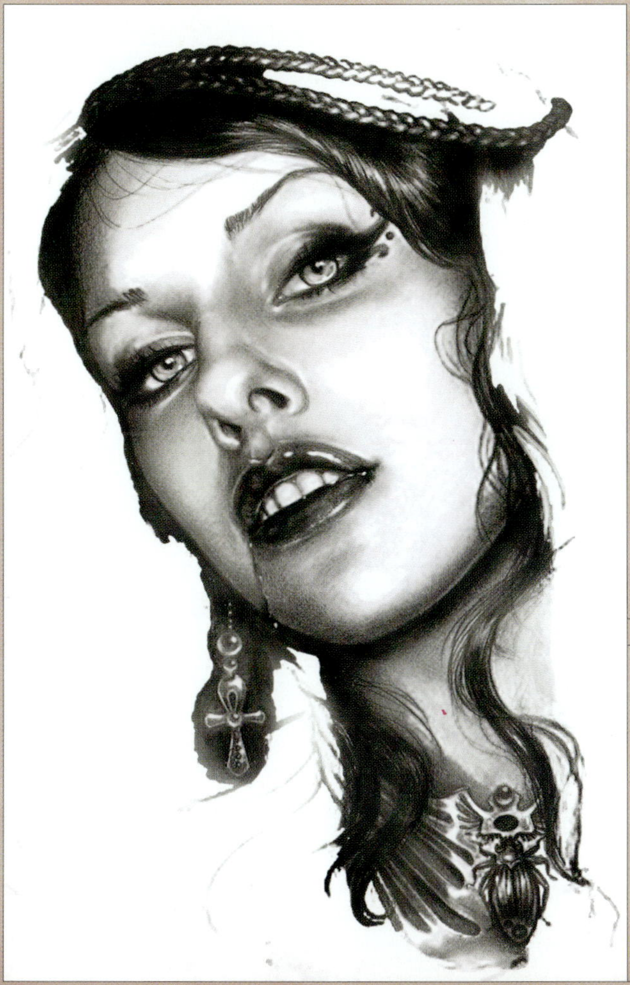

IV

Utilisez les crayons plus gras (2B et 5B) pour la chevelure et les parties très sombres. Travaillez toujours en montant les valeurs en sorte que le rendu soit uniforme. N'appuyez pas trop sur les crayons au risque « d'abîmer » les noirs.

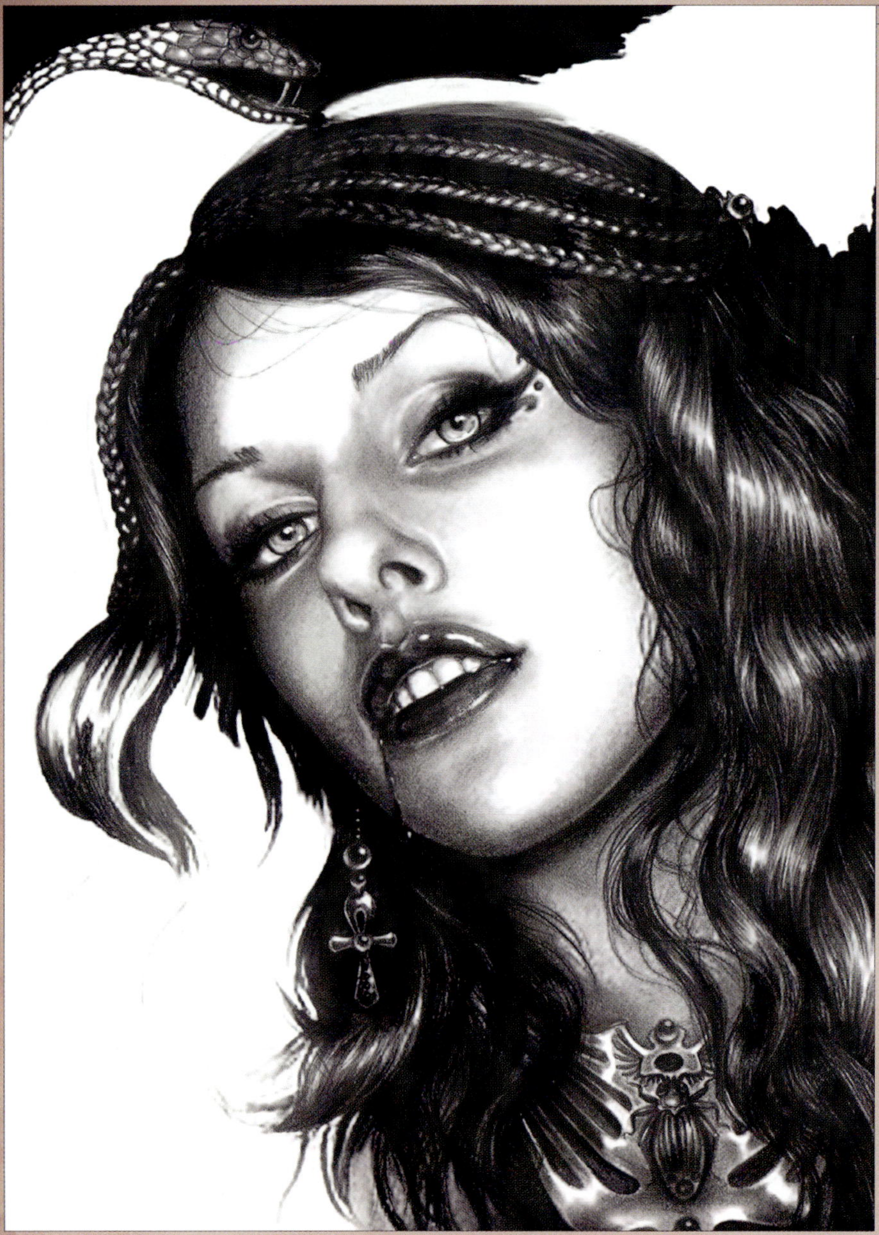

V

Accentuez les parties sombres suivant le même procédé. Détaillez la peau du serpent, les tresses, les longs cheveux et le collier qui doit être très contrasté afin de rendre la brillance du métal.

VI

Composition finale

Terminez le dessin par les valeurs les plus sombres. Éclaircissez les yeux à la gomme mie de pain. Renforcez les reflets de la chevelure si vous souhaitez en accentuer la brillance. N'hésitez pas à revenir sur les parties qui ne vous semblent pas satisfaisantes jusqu'à ce que le rendu de la peau et de la chevelure vous convienne.

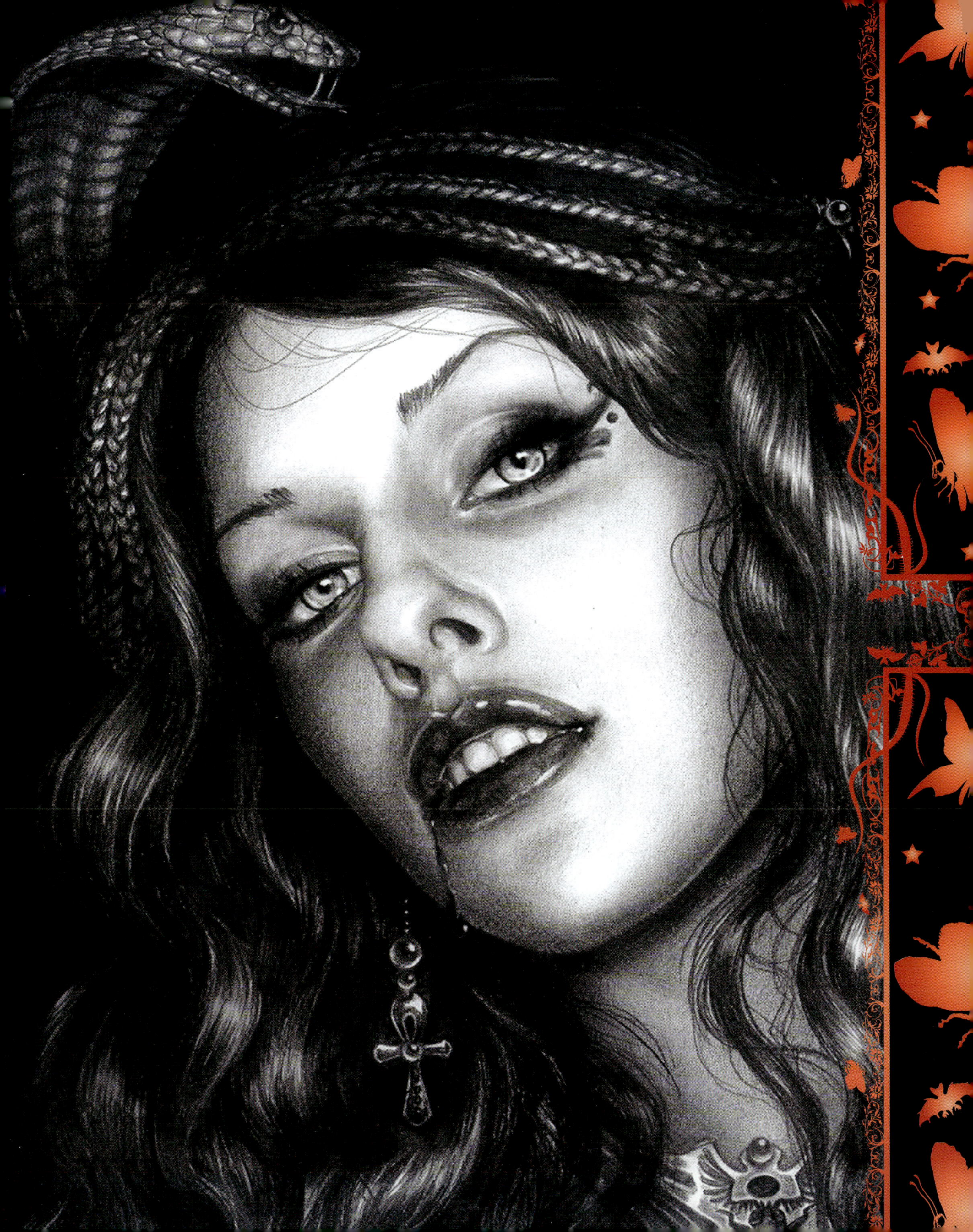

Chauve-souris

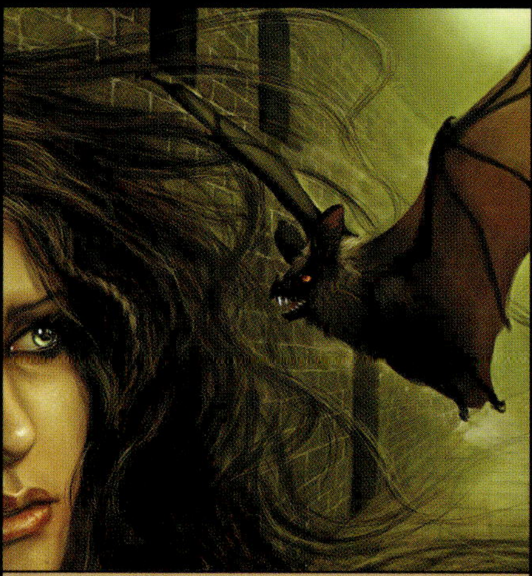

Si, au détour d'une rue, le malheur vous fait croiser une chauve-souris aux yeux rouges, fuyez ! Cette victime n'échappera pas à son triste destin : terrifiée, elle restera hypnotisée par le regard du vampire. L'acrylique mettra en valeur la finesse des détails et l'intensité des regards.

Matériel

- papier épais (240 g)
- crayon HB

Acrylique
- jaune • ocre jaune
- rouge
- terre de sienne naturelle
- terre d'ombre brûlée
- sépia
- vert
- vert olive
- noir
- blanc

I

Esquissez la pose du personnage et de l'animal au crayon de façon très sommaire et schématique, en composant l'image en diagonale.

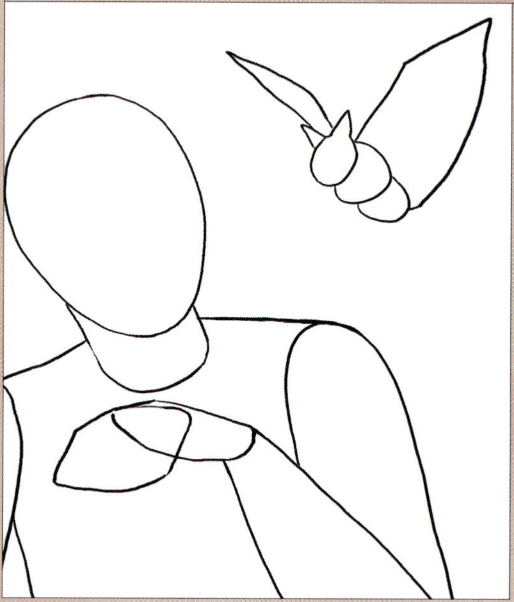

II

Indiquez les lignes de force (ici en rouge). Ébauchez le volume de la main avec l'articulation des doigts. Placez les yeux, le nez et la bouche. Indiquez l'ouverture de la gueule du vampire. Esquissez la ruelle.

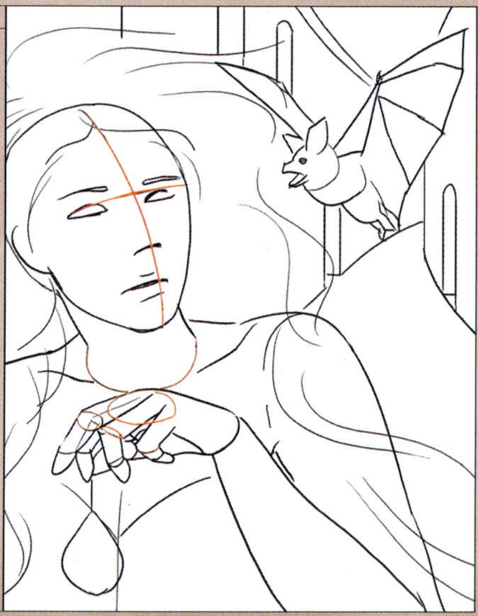

III

Gommez les lignes de force. Dessinez les plis du vêtement, la chevelure et détaillez le visage de la victime. Indiquez les crocs, le museau retroussé et les articulations des ailes du vampire. Suggérez les briques des murs et les pavés de la rue.

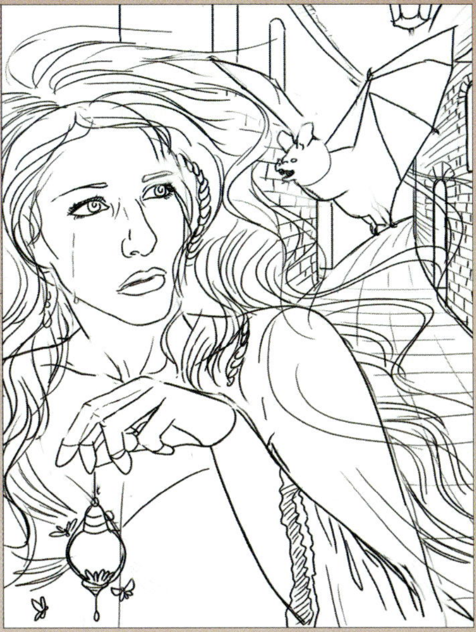

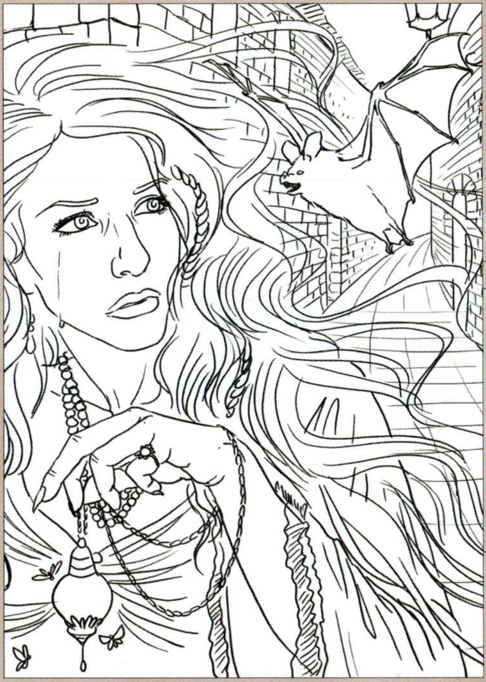

IV

Continuez à détailler l'image en ajoutant divers éléments de parure : colliers, flacon ouvragé, torsade dans les cheveux… Détaillez le corps de la chauve-souris. Affinez la main de la jeune femme en dessinant les articulations avec soin.

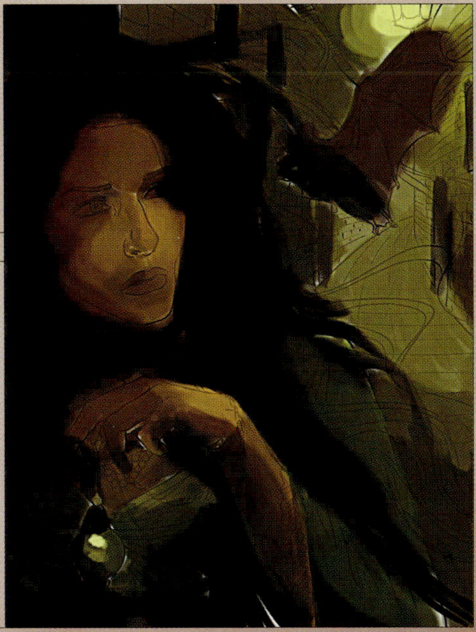

V

Posez les premières couleurs en utilisant des brosses larges et de l'acrylique très diluée. Les traits d'ébauche seront encore visibles et vous permettront de revenir aisément sur le dessin. Utilisez des couleurs chaudes pour retranscrire l'ambiance fantastique de la ruelle. Des teintes verdâtres, dorées, brunes, sépia et vert sombre donneront un aspect mystérieux à l'illustration.

VI

Utilisez des brosses plus fines et des couleurs moins diluées pour renforcer l'éclairage. Superposez plusieurs couches légères de couleur au niveau du visage pour le modeler et donner vie à la peau. Les ailes de la chauve-souris doivent être teintées de brun-rouge : la lumière perçue au travers fait ressortir les vaisseaux sanguins et donne une coloration soutenue à la peau.

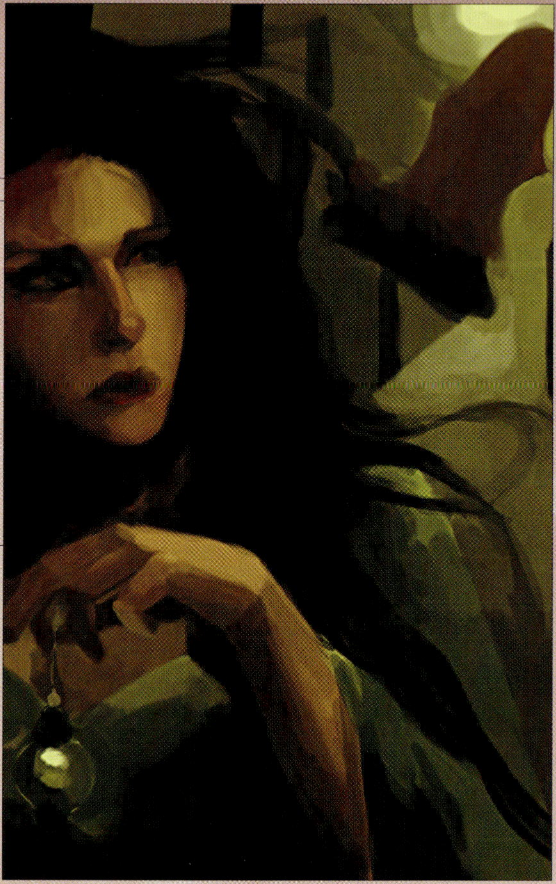

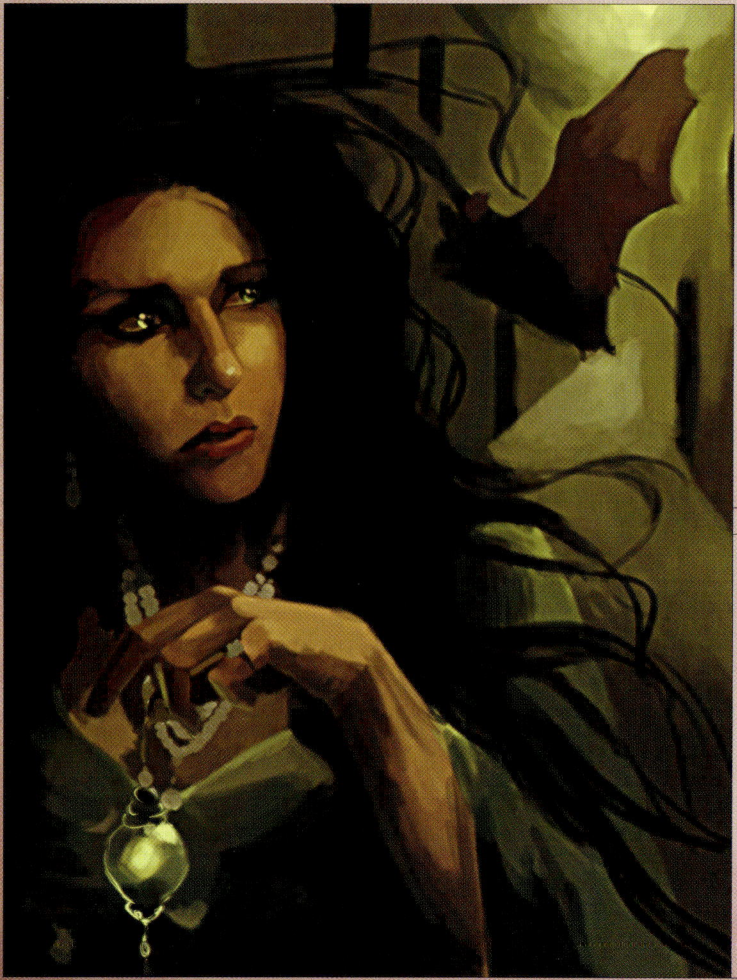

VII

Peignez les mèches des cheveux au pinceau fin. Suggérez la brillance des yeux, du verre et des perles avec des touches claires. Variez les teintes de la peau : les ombres doivent être saturées. Évitez le noir pur et préférez des tons chauds et sombres (bruns, rouges). Superposez des couches de peinture diluée pour obtenir des dégradés lisses.

VIII

Composition finale

Continuez à superposer les couleurs pour obtenir des transitions aussi lisses que possible entre les zones claires et foncées. Cela est fastidieux, mais le résultat en vaut la peine. À l'aide de pinceaux très fins, détaillez la chevelure, les broderies du vêtement, les plis, les jointures des pierres et des pavés. Peignez les éclats de lumière des perles, du flacon et des yeux. Détaillez la dentelle au pinceau très fin trempé dans un jaune-vert très pâle, peu dilué. Accentuez l'œil du vampire avec du rouge clair.

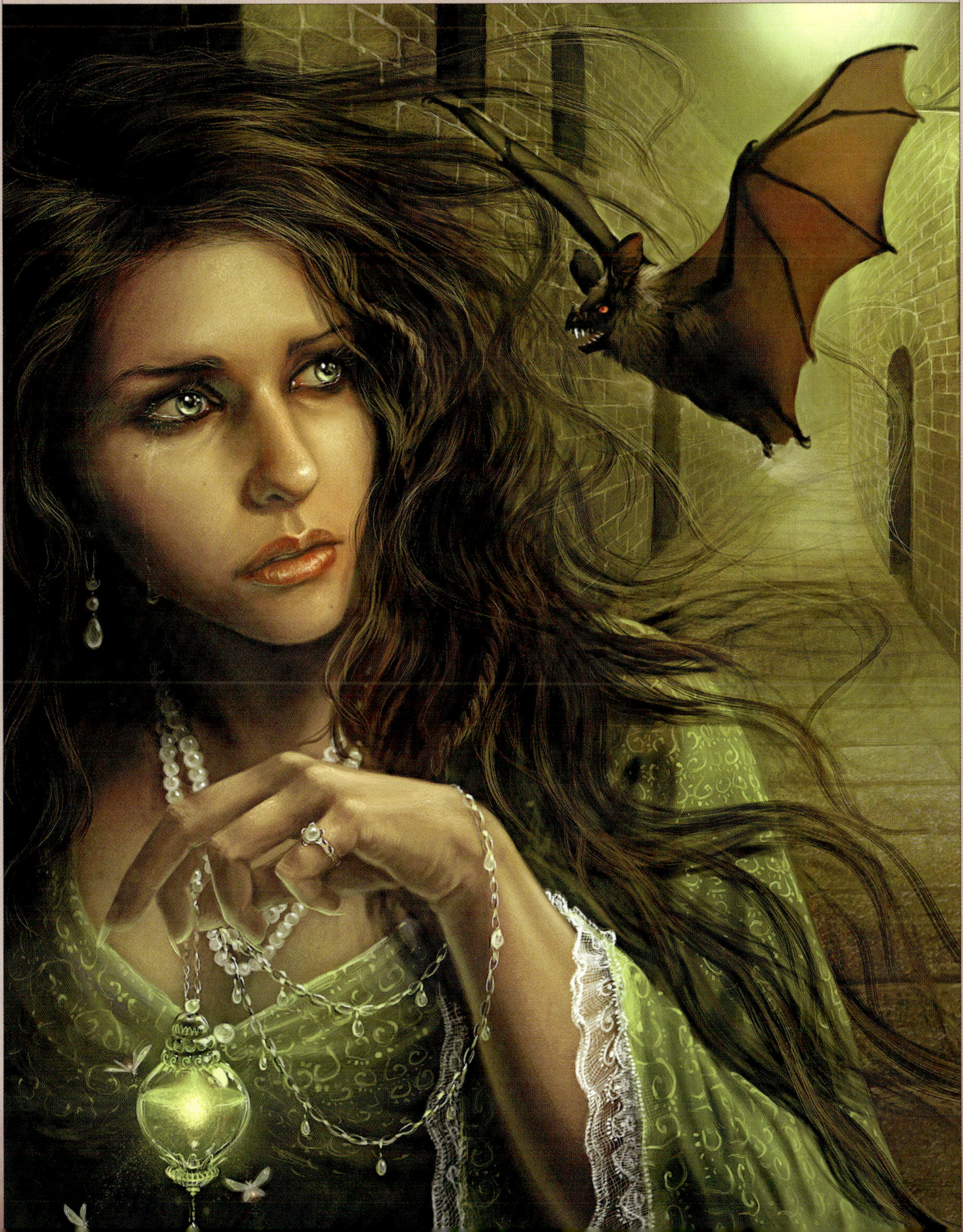

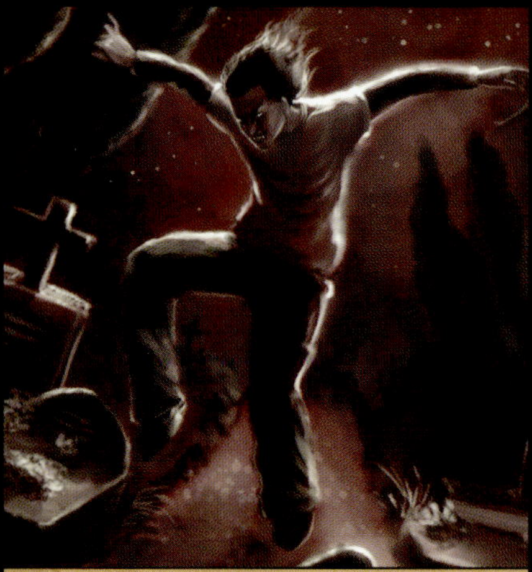

Il fait lui aussi partie de ces vampires modernes, adolescents ou jeunes adultes. Mordu récemment, il n'a pas quitté ses activités habituelles, mais se voit contraint de les pratiquer de nuit. Vous aurez peut-être une chance de le croiser lors d'une de vos balades nocturnes ! Les encres colorées rendront à merveille la texture du ciel.

Matériel

- Papier aquarelle très épais
- Crayon HB
- Gomme mie de pain

Encres colorées

- Rouge sombre
- Terre de Sienne
- Violet
- Noir

Gouache (ou acrylique)

- Blanc de titane

Skateur

I

À l'aide de volumes simples, tracez au crayon la forme générale du personnage et des lieux. Prenez soin d'articuler les volumes du personnage pour lui donner le mouvement voulu.

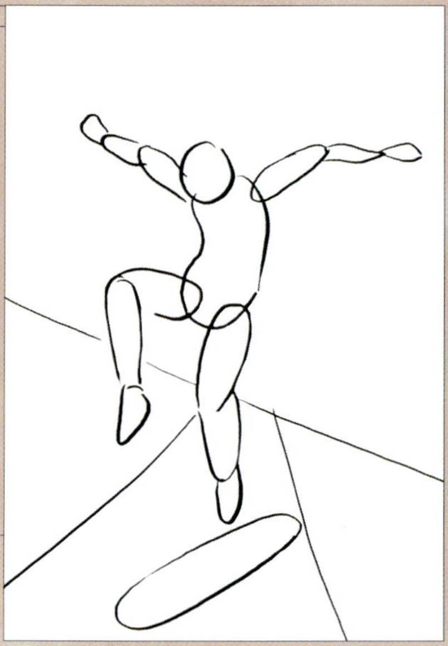

II

Ajoutez les lignes de force (ici en rouge) et les éléments du décor. Affinez les volumes du personnage précédemment tracés tout en restant schématique.

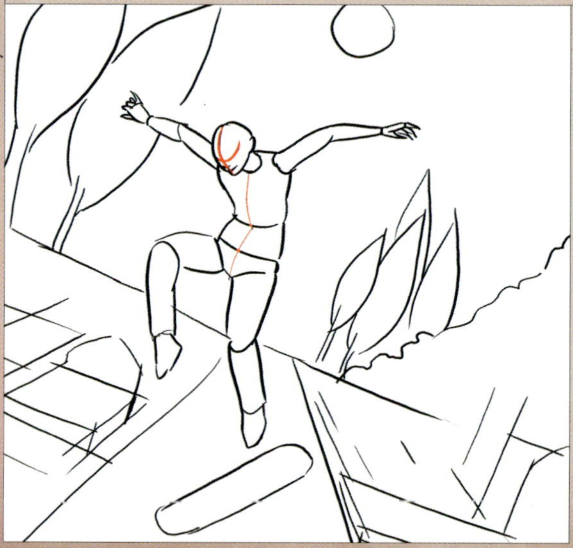

III

Esquissez les vêtements avec leurs plis. Placez les yeux, le nez et la bouche. Renforcez la composition en encadrant l'image à l'aide d'une branche dans le coin supérieur droit : en empêchant ainsi le regard du spectateur de fuir, ce dernier sera plus concentré sur le personnage.

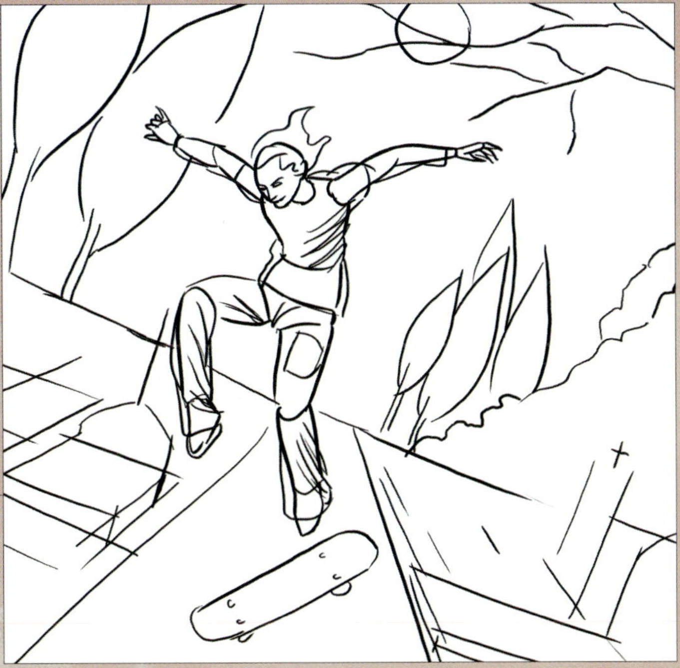

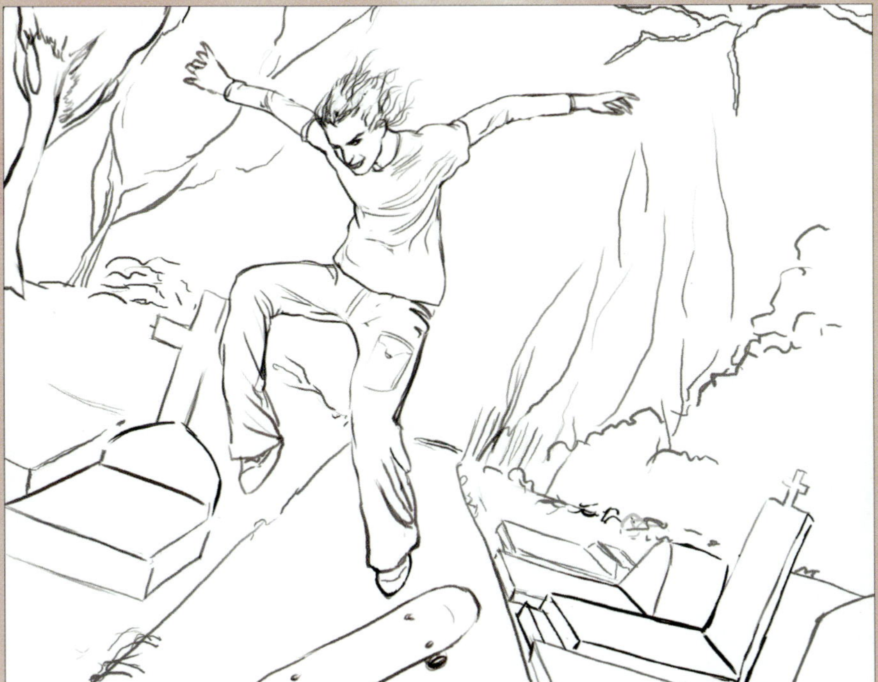

IV

Gommez les traits inutiles pour affiner le dessin. Détaillez le personnage afin de faire ressortir son mouvement en accentuant notamment les plis et la forme des muscles. Travaillez son expression machiavélique. Détaillez l'environnement.

V

Mouillez votre support et posez les premières touches de couleur très diluée. Utilisez à cet effet des pinceaux spéciaux pour l'aquarelle (qui conviennent à l'encre). Commencez par une teinte violacée et renforcez les massifs d'arbres avec des tons bruns et rouges. Réservez les blancs. Au besoin, chassez une partie des pigments en remouillant le support là où vous souhaitez retrouver le papier, sans attendre que la couleur ne sèche.

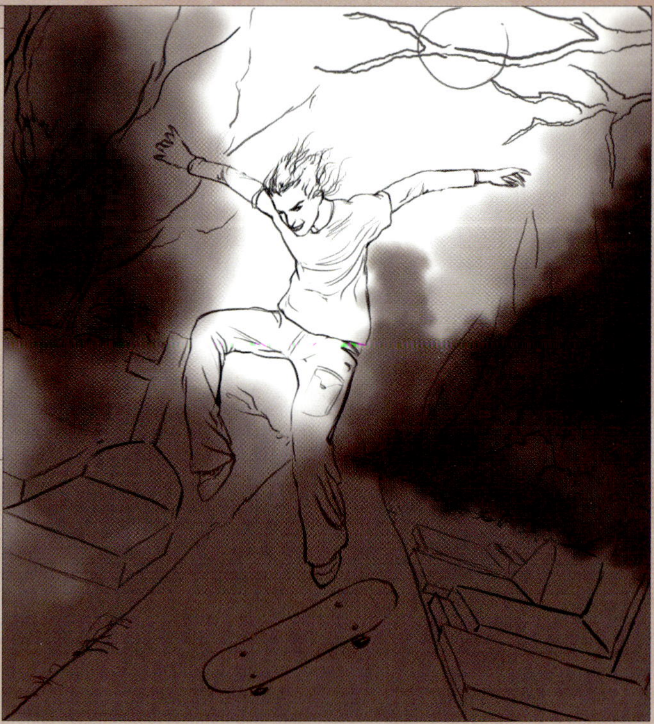

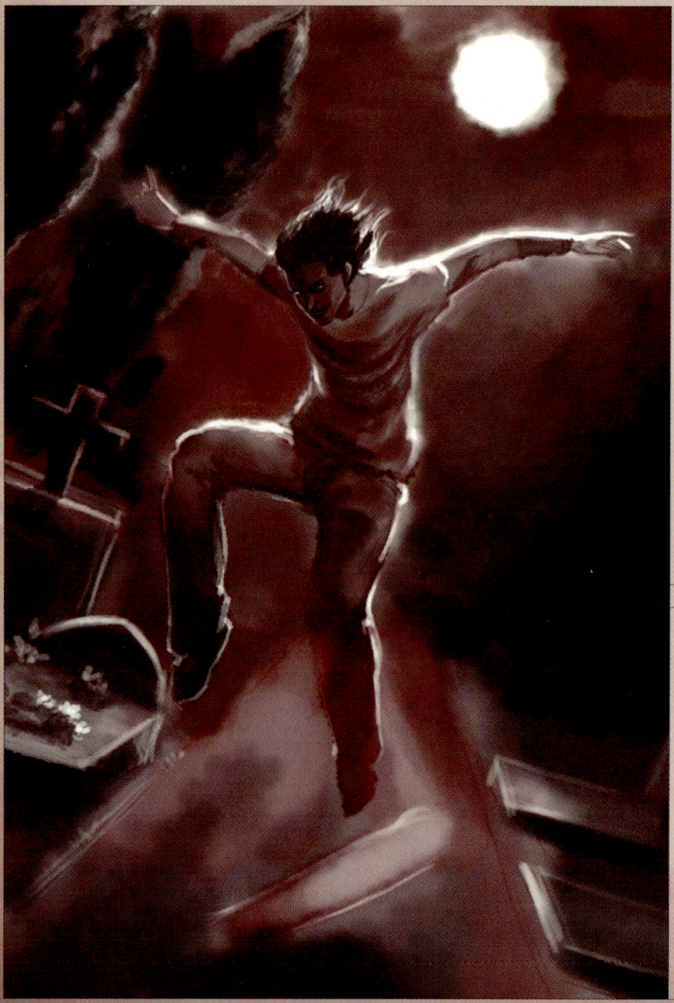

VI

Le personnage étant à contre-jour, faites ressortir son contour en réservant les blancs tout en fonçant progressivement le reste du corps. Renforcez les ombres du décor en posant les teintes des plus claires aux plus foncées. Utilisez de la peinture blanche pour marquer les arêtes des tombes, les fleurs et pour corriger certaines parties.

VII

Composition finale

Continuez à travailler les détails du décor. Faites ressortir les branches en haut à droite. Pour les étoiles, laissez tomber quelques gouttes de blanc dilué par-ci par-là. Affinez les passages entre les parties claires et foncées sur l'ensemble du personnage.

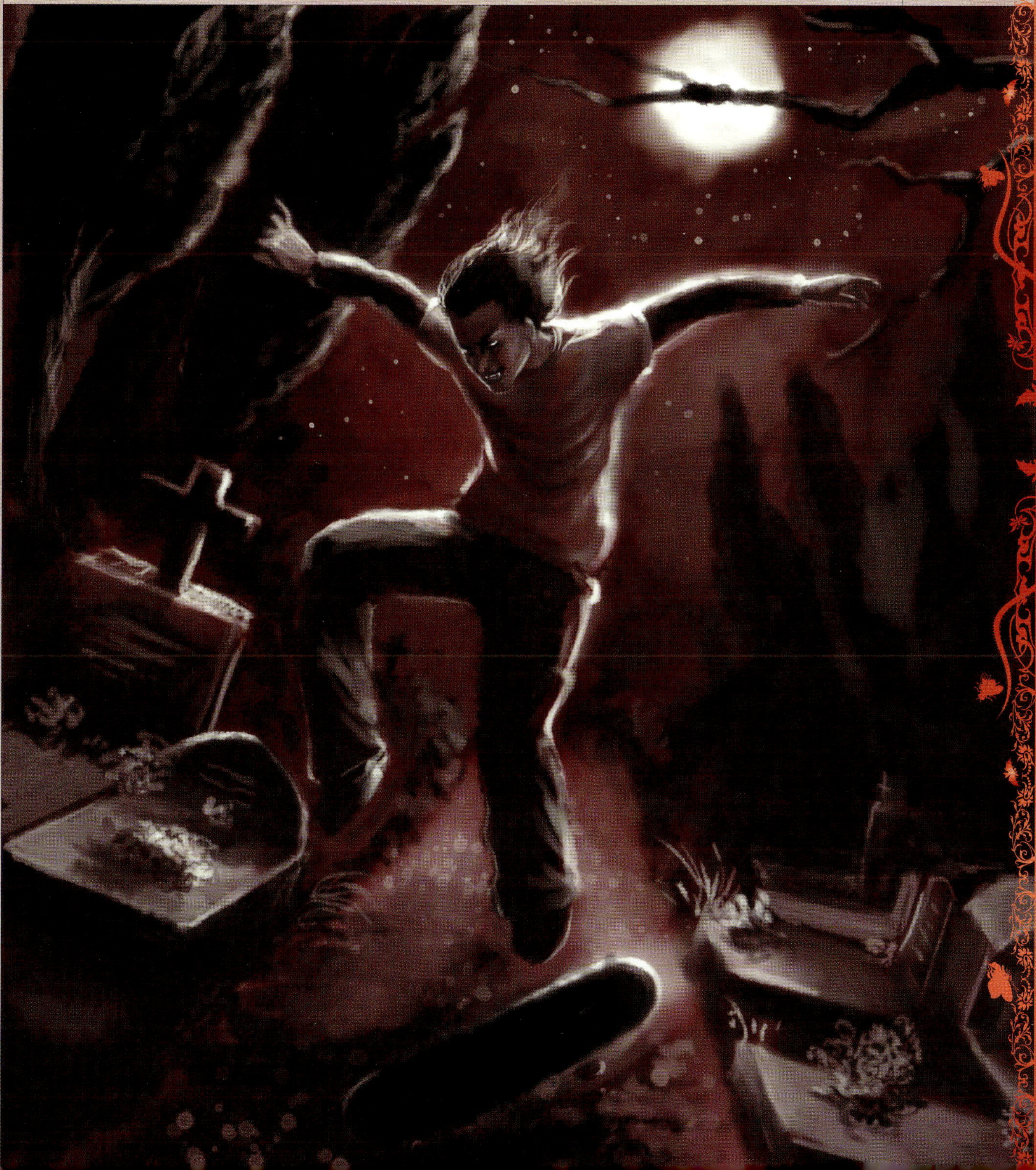

Cinabre

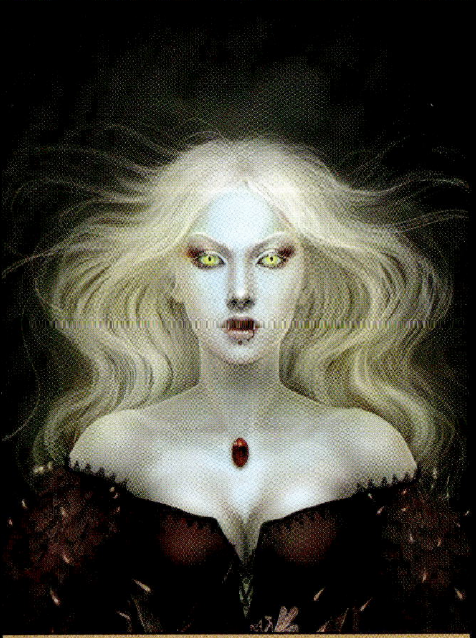

Cinabre est une succube dont le froid regard jaune sait se faire sensuel pour attirer sa proie. Dans un flacon orné de pierreries, elle recueille les larmes de ses victimes pour les transformer en élixir de jeunesse. L'acrylique mettra en valeur la richesse de sa tenue et les reflets opalescents de sa peau.

Matériel

- Papier épais (240 g)
- Crayon HB

Acrylique

- Jaune
- Ocre jaune
- Rouge clair
- Rouge foncé
- Terre d'ombre brûlée
- Vert
- Bleu de cobalt
- Noir
- Blanc

I

Ébauchez au crayon la forme générale du personnage de façon très schématique pour camper sa pose. Placez les volumes des mains.

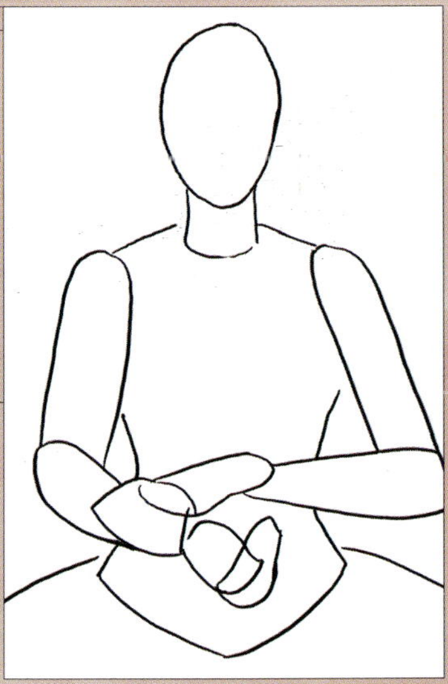

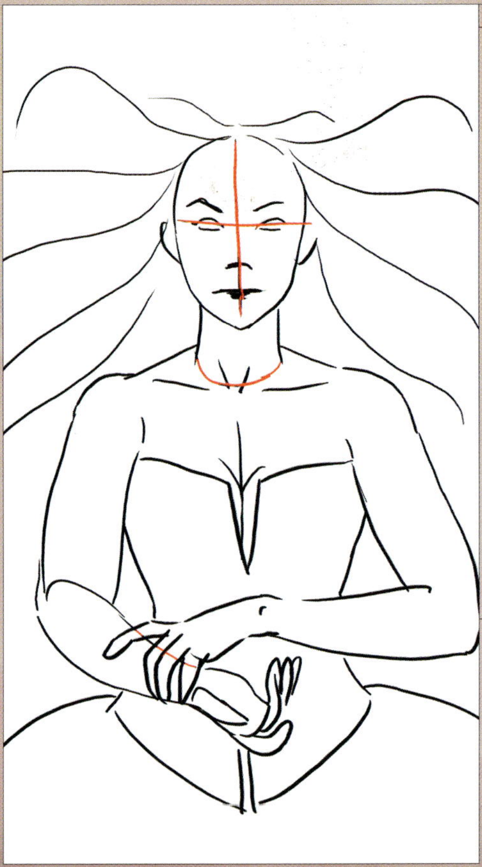

II

Tracez les lignes de force (ici en rouge) afin de vérifier l'exactitude des proportions et du volume. Placez les yeux, les sourcils, le nez et la bouche. Marquez les clavicules, la poitrine et le mouvement des cheveux. Précisez les bras et les mains.

III

Continuez à travailler le dessin
et gommez les lignes inutiles. Détaillez
le visage et ajoutez les canines pointues.
Précisez les cheveux vaporeux et les plumes
de la robe. Ébauchez la mante religieuse
et le flacon tenu en main.

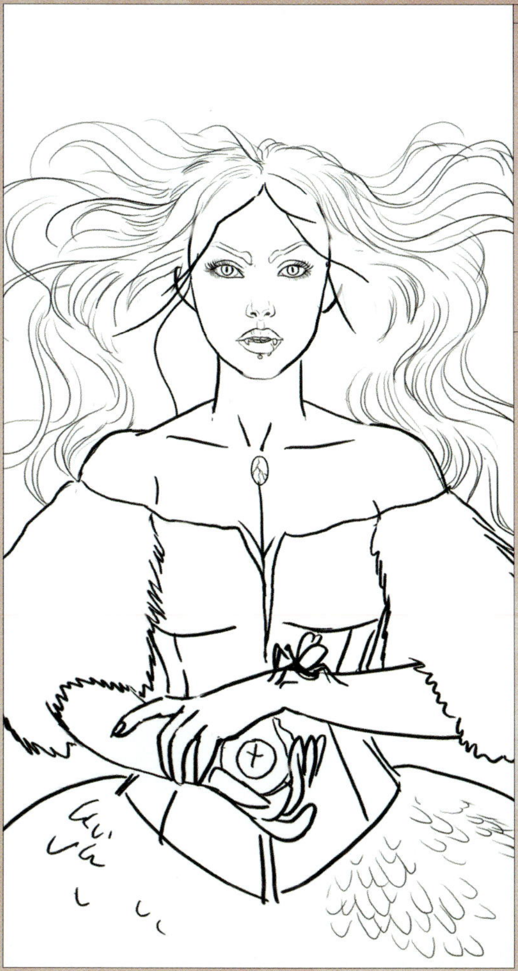

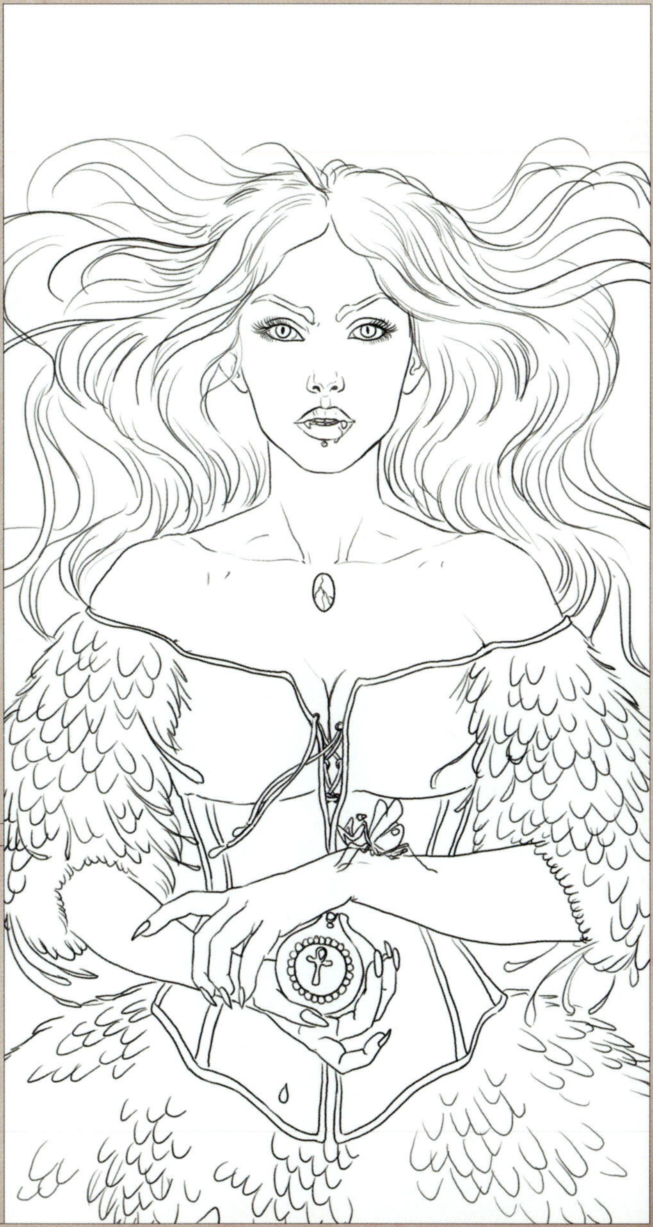

IV

Achevez de travailler
le dessin en affinant le trait
et en ajoutant les indications
des muscles et des os au niveau
du cou, des épaules et des bras.
Détaillez le corset, les plumes
et le flacon. Le dessin est prêt
pour la mise en couleur.

V

Préparez vos teintes sur la palette et appliquez-les rapidement à l'aide de brosses propres en commençant par les tons les plus clairs. Utilisez des couleurs diluées, plus lumineuses, afin de pouvoir revenir sur le dessin. Posez une base bleutée pour donner à la peau son air diaphane. Évitez d'utiliser du blanc pur. Mélangez-le à des gris-vert et une pointe de jaune. De la même façon évitez le noir pur pour le fond.

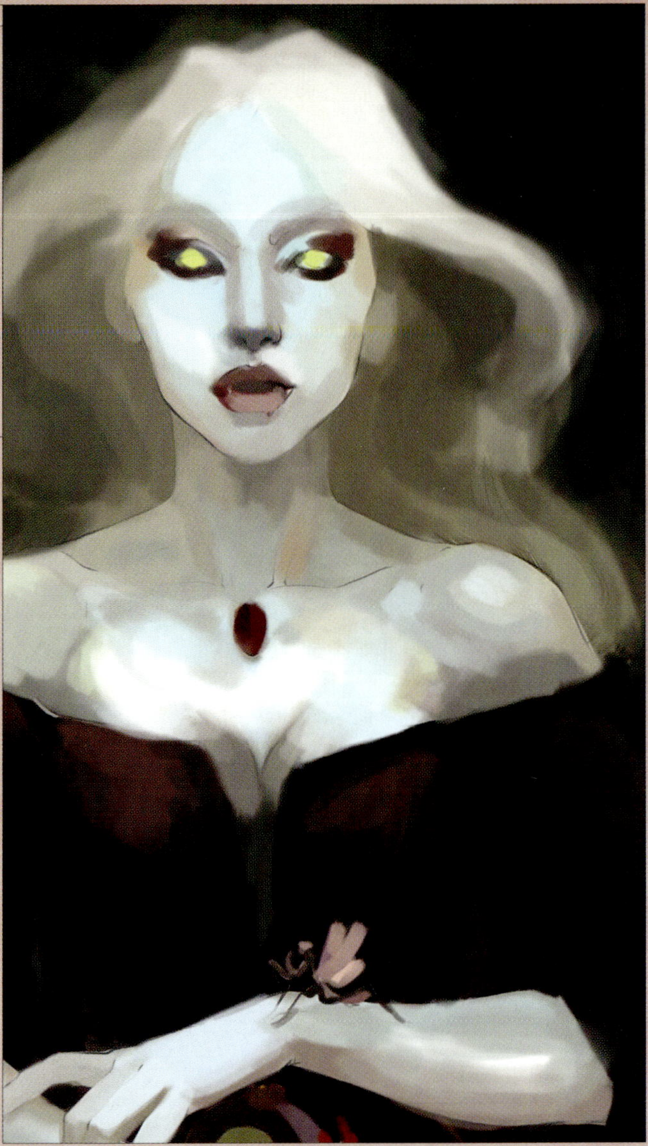

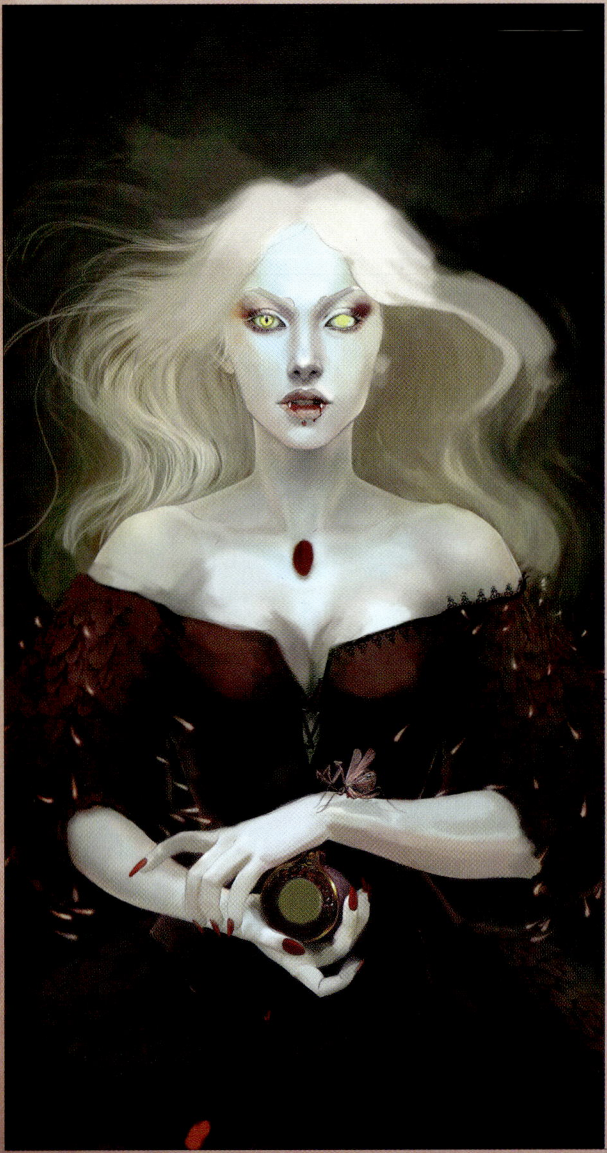

VI

Estompez vos couleurs encore fraîches à l'aide d'une brosse sèche et d'un peu de couleur en la frottant en cercle sur le dessin pour fondre les tons. Vous pouvez aussi superposer plusieurs couches de couleur diluée jusqu'à l'obtention d'un dégradé lisse. Ajoutez des détails à l'aide de pinceaux très fins. Pour les cheveux, utilisez une brosse légèrement sèche, à peine trempée dans la couleur. Les cheveux isolés peuvent être peints au pinceau trois poils.

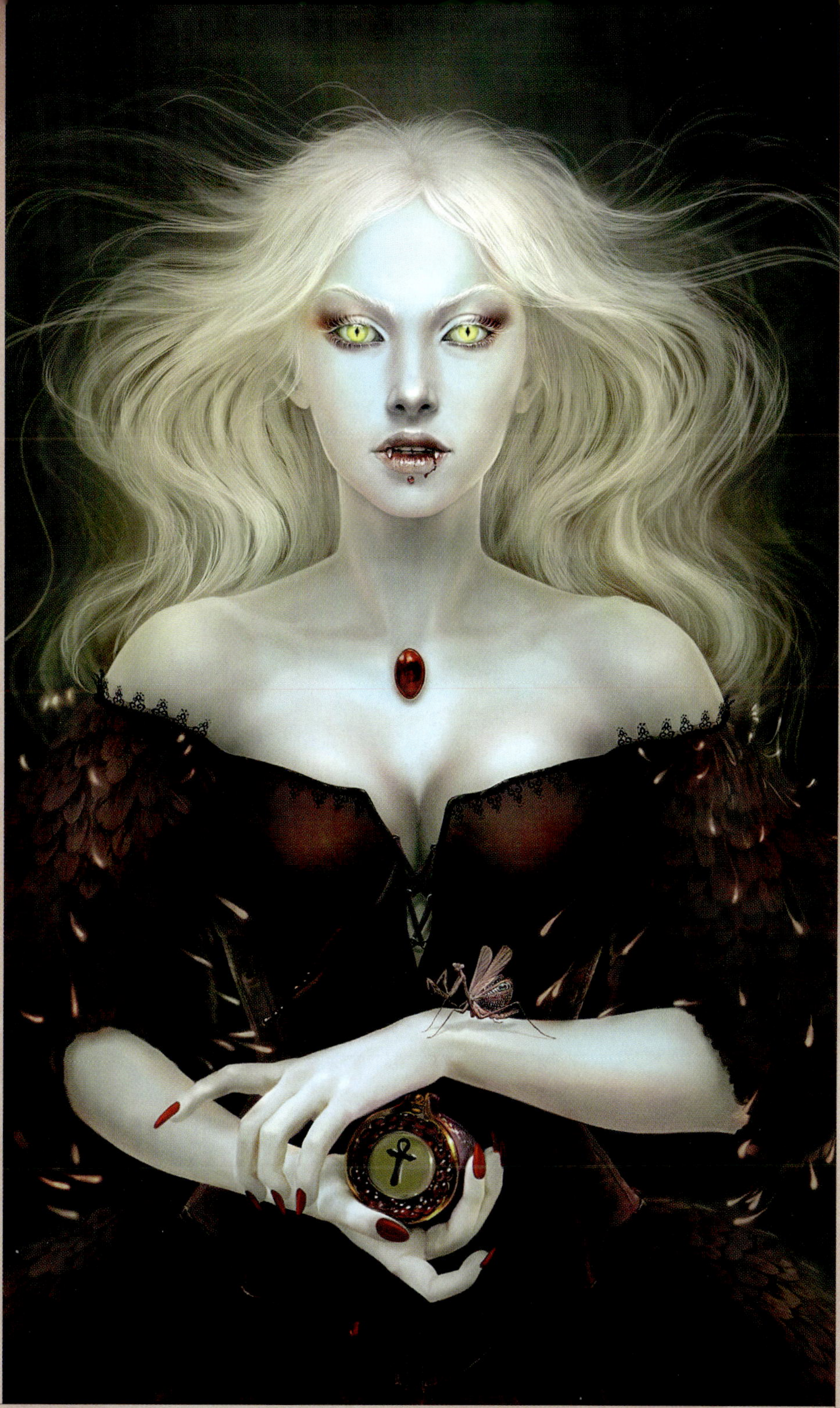

VII

Composition finale

Continuez à affiner les détails et à estomper jusqu'à ce que le volume vous semble correct. Superposez des couches de blancs colorés dilués pour renforcer la luminescence de la peau. Posez des touches de blanc pur sur les lèvres, les éclats du pendentif et les bords du flacon pour apporter de la brillance.

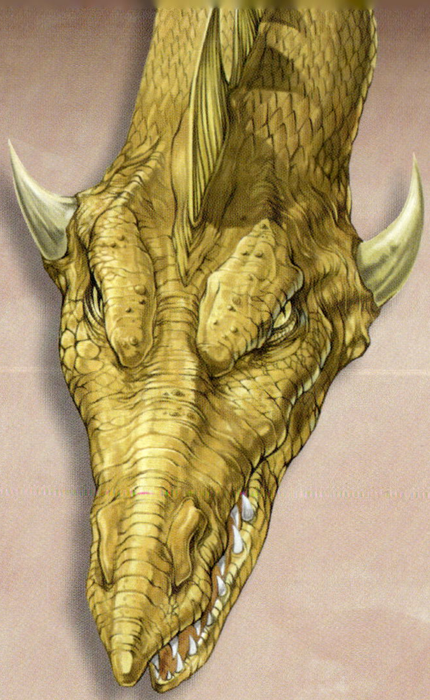

AUX ÉDITIONS FLEURUS

LES SECRETS DE L'ARTISTE

DragonArt – *J. « Neondragon » Peffer*

Dessiner les super héros – *Dick Giordano*

Fantasy Art - Peindre un univers de légende – *John Howe*

FLEURUS FANTASY ART

Dessine les dragons – *Follenn*

Dessine les guerriers – *Follenn*

Dessine les fées – *Amandine Labarre*

Dessine les créatures fantasy – *Follenn*

HORS COLLECTION

Fantasy numérique – *Kevin Crossley*

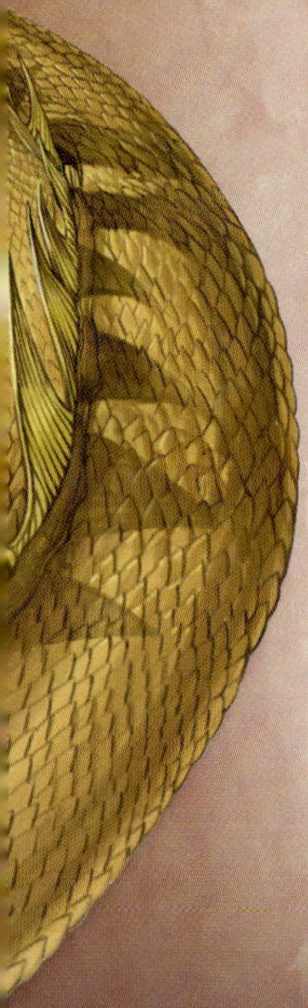

Direction éditoriale : Christophe Savouré
Édition : Hélène Raviart et Valérie Monnet
Direction artistique : Armelle Riva
Fabrication : Florence Bellot
Mise en pages : les PAOistes

Dépôt légal : octobre 2009
Photogravure : Altavia
Imprimé en France par Jean-Lamour, groupe Qualibris
ISBN : 978-2-215-09177-6
1re édition. N° d'édition : P09090

Loi n° 49-956 du 16 juillet 1949 sur les publications destinées à la jeunesse.